税理士・金融マンのための

ChatGPT Plus
活用法

Generative Pre-trained Transformer

公認会計士
税理士

岸田 康雄
Kishida Yasuo

ChatGPTを使って、
1日で相続本を書いてみた！

AI

ロギカ書房

はじめに

　本書は、税理士や金融営業マンが、日常業務で Chat GPT Plus（以下、Chat GPT と書きます）を活用できるようになることを目的として書かれています。Chat GPT にはプログラミングや画像生成など多様な機能がありますが、それらを理系のエンジニアやクリエイターが使うことがあっても、税理士や金融マンが日常業務で使うことはありません。本書は読者を絞り込んでいます。

　また、本書には、Chat GPT に「相続」をテーマにして書かせたテキストも含まれています。これは Chat GPT を使って、わずか1日で執筆されたものです。AI がどの程度専門的な内容を理解し、人間と区別がつかないほど質の高いテキストを生成できるかを試みました。内容は平凡ながらも、専門家が書いたものとどう異なるか、その違いを分析することで、生成 AI の可能性を探りたいと思います。

　最後に、本書の企画から刊行に至るまで、多大なるご支援と協力をしてくださった株式会社ロギカ書房の橋詰氏に、心から感謝の意を表します。橋詰氏の熱意と専門知識があったからこそ、このような革新的な試みが実現しました。本書が、多くの税理士、金融マンにとって価値ある一冊となることを願ってやみません。

令和6年8月

公認会計士／税理士

岸田 康雄

目次

はじめに

第1章
ChatGPT を
仕事で使おう　　9

1-1　基本的な使い方 10
（1）プロンプトの重要性　10
（2）役割を与える　10
（3）目的を明確にする　10
（4）回答の表現や出力形式を伝える　10
（5）専門家にとって Chat GPT の使い道　12

1-2　情報収集に役立つ使い方 13
1. 専門的な情報を調べる　13
2. 文章を要約する　21
3. 長文を入力する方法　27
4. PDF ファイルの文章を読む　30
5. PDF ファイルから情報を検索する　33
6. 表にまとめる　35
7. アイデアを出してもらう　37

1-3　顧客営業に役立つ使い方 40
1. お客様へメールを書く（日程調整）　40
2. お客様へメールを書く（個別面談）　43
3. お客様へメールを書く（イベント案内）　47
4. お客様へメールを書く（簡単な催促）　50
5. お客様へメールを書く（謝罪）　52
6. 営業トークを習う（自己紹介）　54
7. 営業トークを習う（わかりやすい説明）　57

8. 営業トークを習う（手順の説明） 60

9. ビジネスマンとしての指導を受ける（接客術） 63

10. ビジネスマンとしての指導を受ける（お客様の理解） 66

11. 画像を作る 68

1-4 業務遂行に役立つ使い方 ·························· 70

1. 社内向けのメールを書く（日程調整） 70

2. 社内向けのレポート（日報）を書く 72

3. タスクを明確化する 75

4. 簡単な計算を行う 79

5. FP の問題を解く 82

6. 税金の計算を行う 93

7. 相続税シミュレーション 96

8. 財務分析を行う 101

1-5 初心者が Chat GPT を
なぜ使えないか ······························· 108

1. タッチタイピング 109

2. 高性能キーボード 111

第 2 章
Chat GPT で
本を書いてみよう　117

全体構成を考える 118

第 1 章
相続に関する基本的な知識 127

I　相続とは何か 128

II　相続手続きの基本的な流れ 129

III　遺言書と相続の関係 134

Ⅳ　相続人と遺産分割　137

Ⅴ　遺留分　139

第2章
相続発生直後の手続き　141

Ⅰ　相続発生時の基本的な手続き　142

Ⅱ　戸籍謄本の取得による相続人の確定　145

Ⅲ　財産目録の作成　147

Ⅳ　遺産分割協議書の作成　150

Ⅴ　準確定申告と相続税申告　151

Ⅵ　不動産の相続登記　153

Ⅶ　預貯金や証券口座の解約または名義変更　154

Ⅷ　死亡保険金の受け取り　155

第3章
相続税申告の手続き　157

Ⅰ　相続税の基礎知識　158

Ⅱ　相続税申告の必要書類　160

Ⅲ　相続税の課税対象と財産評価　162

Ⅳ　相続税の計算　165

Ⅴ　小規模宅地等の特例の適用　167

Ⅵ　配偶者の税額軽減の適用　169

Ⅶ　税額控除　170

Ⅷ　申告と納税　171

第4章
相続生前対策と財産管理　173

Ⅰ　相続生前対策の必要性とメリット　174

Ⅱ　遺言書の作成　176

Ⅲ　贈与と贈与税　178

Ⅳ　資産管理と認知症対策　180

Ⅴ　生命保険による遺産分割対策　182

Ⅵ　不動産による相続税対策　185

Ⅶ　民事信託の活用　187

著者紹介

注意点

※ 本書に記述されている内容は、Chat GPT Plus（有料版）の機能を利用することを前提にしています。このため、無料版の Chat GPT では利用できない機能が多く紹介されています。本書の読者が無料版をお使いの場合、本書の内容を完全に活用することはできないことを予めご了承ください。

※ 本書では、2024 年 4 月時点で利用可能な Chat GPT の各機能について解説しています。Chat GPT の開発とアップデートは迅速に進行しているため、本書の内容が、お読みになった時点での最新情報ではなくなっている可能性がございます。技術の進展に伴い、新たな機能が追加されることや既存の機能が変更されることが予想されますので、最新情報は、公式のリリースノートや更新情報をご参照ください。

※ 本書は一般的な情報提供を目的としており、個別の相続案件についての具体的なアドバイスを提供するものではありません。専門家への相談や適切な情報収集を行うことをおすすめします。

第1章
ChatGPTを仕事で使おう

1 -1 基本的な使い方

（1）プロンプトの重要性

　Chat GPT を使うときに最も重要なことは、適切なプロンプト（指示）を書くことです。質問や指示は明確かつ具体的にすることが重要で、そのためには「役割定義」「目的定義」「作業指示」の３段階でプロンプトを構築します。このアプローチにより、Chat GPT が提供する回答の精度と適切性が格段に向上します。

（2）役割を与える

　Chat GPT に与える役割を明確にすることで、求める回答の方向性をコントロールできます。たとえば、**「あなたは優秀な税理士です。」**として役割を与えると、税務に関する専門的な回答を期待できます。これにより、特定の職業や役割に基づいた専門的な意見や提案を引き出すことが可能になります。

（3）目的を明確にする

　質問や指示における目的を明確にすることで、Chat GPT はより目的に沿った回答を提供できます。たとえば、節税の提案を求める場合、**「税負担を最小化することを目的とします。」**と具体的に指示することが重要です。

（4）回答の表現や出力形式を伝える

　求める回答の表現や回答形式を具体的に指示することで、Chat GPT はより適切な情報や提案を提供できます。例えば、以下のようなプロンプトが考えられます。

①リスト形式：点や番号を用いて情報を箇条書きにする方式です。情報を整理しやすく、視覚的にも分かりやすい形式です。

例えば、**「企業の財務健全性を評価するための主要な4つの比率をリスト形式で教えてください。」**など。

②段落形式：詳細な説明や解説を提供する際に適しています。一般的な記事やレポート形式で、連続したテキストで情報を提示します。

例えば、**「消費税のインボイス制度の仕組みと、中小企業に与える影響について段落を用いて説明してください。」**など。

③会話形式：会話形式で情報を提示します。実際の対話や、架空のキャラクターとの会話を模倣するのに適しています。

例えば、**「税理士と中小企業の経営者の間で決算対策を相談するときの会話の具体例をダイアログ形式で示してください。」**など。

④数学的解答：数学問題に対するステップバイステップの解説や、数式を用いた解答を提供します。

例えば、**「総資本回転率を計算する公式を示し、総資産が1,000万円、売上高が2,000万円の場合の回転率を計算してください。」**など。

⑤表形式：データを行と列の形式で整理して提示します。比較や統計データの表示に適しています。

例えば、**「個人事業主、合同会社、株式会社の税負担率を表形式で比較してください。」**など。

⑥チェックリスト：するべきことや確認事項をリストアップする形式です。タスク管理や確認作業の際に便利です。

例えば、**「中小企業が銀行から融資を受ける際に準備すべき書類のチェックリストを作成してください。」**など。

⑦グラフィック表現：情報を図表やグラフで表現します。データの傾向や関係性を視覚的に示すのに適しています。

例えば、**「過去5年間の売上高と営業利益の推移を棒グラフで示し

てください。」などです。

（5）専門家にとって Chat GPT の使い道

　市販の書籍によると、Chat GPT が役立つ業務には、以下のものがあると紹介されていますが、士業などの専門家にとってこれらの大部分が不要です。

【Chat GPT が役立つとされる業務】

・情報収集と整理
・選択と意思決定
・文章生成と要約
・翻訳
・分析と評価
・計画の立案
・アイデア出し
・プログラミング

　たとえば、税理士の仕事を考えてみましょう。

　会計事務所の経営者でない限り、意思決定の必要はほとんどありません。一部の外資系事務所を除き、英語を使用する機会がないため、翻訳は不要です。理系エンジニアのように大規模データを扱うことはなく、データ分析を行うことはありません。何も考えず同じ手順で申告書の作成を反復するだけですので、計画を作って PDCA を回す人も少ないでしょう。プログラミングやウェブサイト制作も、デザイナーに外注することが多く、自ら制作することはありません。DALL-E を使用した画像制作など、無用の長物です。

　これらの事情を踏まえると、**税理士にとって Chat GPT の利用は、主に情報収集と整理、文章の生成と要約に限定される**のです。難しいことを考える必要はありません。これらの２つの業務のために使うことができれば、それで十分なのです。これだけでも日常業務の生産性を大きく向上させることができるでしょう。

1-2 情報収集に役立つ使い方

1. 専門的な情報を調べる

　Google 検索で法令を調べていて、該当するページを発見できたとしましょう。例えば、**「相続空き家の 3,000 万円控除」**を Google 検索で調べた結果、たくさんのサイトが列挙されます。

Google　　　相続空き家の3,000万円控除　　　　　　✕　🎤 📷 🔍

すべて　　ショッピング　　動画　　画像　　ニュース　　⋮ もっと見る　　　　　　ツール

約 86,900 件 （0.27 秒）

スポンサー

🌐 nomu.com
https://www.nomu.com ⋮

居住用財産を譲渡した場合の、3,000万円特別控除 売却する...

初めての不動産査定でも、価格の根拠がよくわかる！まずはノムコムの無料査定で価格をチェック。不動産売却のご相談から、住みかえまで不動産のプロが安心サポート。初めての売却もサポート。まずは資産価値をチェック。確実かつスピーディな売却。

🏛 国税庁
https://www.nta.go.jp › shiraberu › taxanswer › joto ⋮

No.3306 被相続人の居住用財産（空き家）を売ったときの特例

2023/04/01 — ... **3,000万円**（注）まで**控除**することができます。 これを、被**相続**人の居住用財産（**空き家**）に係る譲渡所得の特別**控除**の特例といいます。 （注） 令和6年1 ...

🏢 積水ハウス公式
https://www.sekisuihouse.co.jp › ... › TKC税務講座 ⋮

相続等により取得した空き家の譲渡所得3000万円特別控除 ...

そこで平成28年度税制改正により、「**相続**等により取得した**空き家**を譲渡した場合の**3,000万円**特別**控除**」が創設されました。さらに令和5年度税制改正により、令和6年1月1日 ...
1] 被相続人が一人で住んでいた... · 3)相続から譲渡まで引き続き空...

相続会議
https://souzoku.asahi.com › ... › 空き家 ⋮

空き家特例とは 売却益から3000万円控除が可能！ 適用要件や ...

2023/05/29 — 相続や遺贈によって取得した**空き家**を売却する際には、最高で譲渡所得の**3000万円控除**が受けられます。公認会計士、司法書士、行政書士の資格も持つ ...
空き家特例とは · 空き家特例の適用要件 · 空き家特例の適用を受ける際の...

関連する質問 ⋮

空き家の相続で3000万円控除は？   ⌄

空き家の3,000万円特別控除は3人目からいくらですか？   ⌄

相続空き家3000万円控除の期限はいつですか？   ⌄

相続した家に使える3,000万円控除とは？   ⌄

—————————————————————————————— フィードバック

国土交通省
https://www.mlit.go.jp › common PDF ⋮

空き家の発生を抑制するための特例措置（空き家の譲渡所得の ...

（空き家の譲渡所得の**3,000万円特別控除**）について. **空き家**となった被相続人のお住まいを相続した**相続人**が、耐震基準を満た. した又は取壊しをした後にその家屋又は敷地 ...

三井のリハウス
https://www.rehouse.co.jp › mtebiki ⋮

空き家の3000万円特別控除｜2023年（令和5年）度税金 ...

被**相続人**の死亡により**空き家**になった不動産を**相続**により取得した**相続人**又は包括遺贈により取得した受遺者が売却し適用要件を満たした場合の**空き家の3000万円特別控除** ...

    一般的に、Google 検索を利用される方は、検索結果としてリストアップされた複数のサイトを上から順番に開いていき、必要な情報を入手します。国税庁のサイト**「No.3306　被相続人の居住用財産（空き家）を売ったときの特例」**を開いて読むことは不可欠ですが、文章が堅苦し

くてわかりづらいため、それをわかりやすく解説したメディアやブログも開いて参考にすることでしょう。しかし、これでは時間がかかるため、効率的ではありません。

そこで、Chat GPT に要約させるのです。ただし、Chat GPT4.0 では、インターネットに接続してリアルタイムの Web 検索を行うことはできません。古い情報が出力されるため、注意しましょう。

そこで、Web から最新情報を自動で検索してきてくれる **Microsoft Copilot** を使ってみましょう。

あなた

相続空き家の 3,000 万円控除とは何ですか？

Microsoft Copilot

被相続人の居住用財産（空き家）を売ったときの特例は、一定の要件を満たした場合に、相続または遺贈により取得した空き家を売却して得た譲渡所得から最大 3,000 万円を控除できる特例です [1][2]。この特例は「空き家の譲渡所得の 3,000 万円特別控除」とも呼ばれます [2]。

以下に、この特例の適用を受けるための主な要件を列挙します [1][2]：

1. 譲渡人が、相続または遺贈により空き家を取得したこと。
2. 空き家を売るか、空き家とその敷地を売る場合は、相続のときから譲渡のときまで事業、貸付け、居住などに使用しておらず、譲渡時に空き家が一定の耐震基準を満たすこと。
3. 相続開始から 3 年を経過した年の 12 月 31 日までに売ること。
4. 売却代金が 1 億円以下であること（相続人が複数の場合は 1

人につき1億円ではなく、合算した売却代金が1億円以下であること)。
5. 売った空き家等について、相続財産を譲渡した場合の取得費の特例や収用等の場合の特別控除など、ほかの特例の適用を受けていないこと。
6. 同一の亡くなった人からの相続または遺贈により取得した空き家等について、空き家特例の適用を受けていないこと。
7. 空き家等の売却先が親子や夫婦など特別の関係がある人でないこと。

なお、この特例の適用期限は令和9年（2027年）12月31日までとなっています②。また、相続人等が3人以上いる場合の特別控除額は、上限が3,000万円から2,000万円に減額されます②。

特例の適用を受けるためには、一定の書類を添えて確定申告をする必要があります①②。具体的な手続きや必要書類については、税理士などの専門家に相談することをお勧めします②。

　複数のサイトから入手された情報がうまくまとめられています。また、引用元となるサイトへのリンクが付けられており、サイトの情報まで深掘りしようとするときに役立ちます。
　しかし、**士業や金融マンなど、より正確かつ網羅的な情報を必要とされる方は、対話型のAI検索エンジンであるPerplexity Pro（有料版）を使用すべき**です。
　Perplexityとは、ユーザーが質問を投げかけると、AIがインターネッ

ト上から情報を収集し、その情報を要約して提供する検索エンジンです。

　Microsoft Copilot を使うか Perplexity Pro を使うか、悩ましいところですが、結論として Perplexity Pro を使用すべきだと考えています。Perplexity は英語中心の開発で進められており、日本語検索の精度には若干の問題があるとされています。しかし、検索する Web の範囲が Copilot よりも広く、Chat GPT 以外の生成 AI を使用することができます。2024 年 4 月時点では、OpenAI の GPT-4 Turbo だけでなく、Anthropic の Claude 最新バージョンも選択でき、大きな優位性があります。

> あなた
>
> 相続空き家の 3,000 万円控除とは何ですか？

> Perplexity Pro
>
> 被相続人の居住用財産（空き家）を売ったときの特例とは、相続により取得した被相続人の空き家を売却した際に、一定の要件を満たせば譲渡所得から最高 3,000 万円を特別控除できる制度です。
>
> 主な適用要件
> ● 被相続人が相続開始直前に一人暮らしをしていた家屋であること
> ● 昭和 56 年 5 月 31 日以前に建築された区分所有建物でない家屋であること
> ● 相続開始から 3 年以内に売却すること
> ● 売却代金が 1 億円以下であること
> ● 相続後、事業や貸付け、居住の用途に供されていないこと
> ● 耐震基準を満たしているか、耐震改修や取り壊しを行うこと

必要書類
- 譲渡所得の内訳書
- 登記事項証明書
- 市区町村長からの「被相続人居住用家屋等確認書」
- 耐震基準適合証明書または建設住宅性能評価書の写し
- 売買契約書の写し

この特例は、相続した空き家の有効活用と流通促進を目的として平成28年に創設され、適用期限が令和9年12月31日まで延長されています

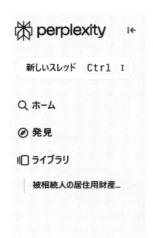

✳ 回答

被相続人の居住用財産（空き家）を売ったときの特例とは、相続または遺贈によって取得した空き家を売却する際に、譲渡所得から最高3,000万円までの特別控除が受けられる制度です。この特例は、空き家の増加という社会問題に対処し、空き家の早期有効活用を促進するために設けられました。

特例の適用要件は以下の通りです：

1. 相続または遺贈により被相続人居住用家屋およびその敷地等を取得したこと。

2. 被相続人居住用家屋が昭和56年5月31日以前に建築されたこと。

3. 被相続人居住用家屋が区分所有建物登記がされていないこと。

4. 相続の開始の直前において、被相続人が居住の用に供しており、かつ、被相続人以外に居住をしていた人がいなかったこと。

5. 被相続人居住用家屋または敷地が相続の時から譲渡の時まで事業の用、貸付けの用、または居住の用に供されていなかったこと。

6. 売却代金が1億円以下であること。

7. 特定の親族など特別の関係がある人に対して売却していないこと。

また、令和5年度の税制改正により、令和6年1月1日以後に売却した場合において、その家屋及び敷地等の取得をした相続人が3人以上いる場合の特別控除額が2,000万円に制限されました。さらに、特例の適用期限が令和9年12月31日までに延長され、耐震改修工事や取壊しを行った場合の適用対象が拡充されました。これにより、売主側で工事費用の負担や工事実施のタイミングを考慮する必要がなくなり、買主側でも更地にするか、どの程度の耐震工事を実施するかを選択できるようになりました ① ② ③ ④ ⑤ ⑥ ⑦ ⑧ 。

⤷ 共有　↻ 書き直す　　🗋　☑　…　GPT-4 TURBO

- 新しいスレッド Ctrl I
- ホーム
- 発見
- ライブラリ

知識の始まり

被相続人の居住用財産（空き家）を売ったときの特例とは？

フォーカス　添付　　Pro

kishidayasuo
PRO

ダウンロード

Pro　キャリア　遊び場　ブログ　Japanese (日本語)

2. 文章を要約する

Google 検索で法令を調べていて、該当するページを発見できたとしましょう。例えば、**「相続空き家の 3,000 万円控除」** を Google 検索で調べた結果、「No.3306　被相続人の居住用財産（空き家）を売ったときの特例[1]」が出てきました。あまりに長文で理解することができません。

そこで、Chat GPT を使って、わかりやすく、かつ、要約してみるのです。このページの文章をコピー＆ペーストし、以下のスクリプトを入れます。

---

[1] https://www.nta.go.jp/taxes/shiraberu/taxanswer/joto/3306.htm

---

あなた

以下の条件にしたがって、入力した文章を書き直して出力してください。
＜条件＞
・初心者でもわかりやすい日本語表現とすること
・「です・ます」調
・要約すること
・箇条書きで出力すること
（入力）
相続または遺贈により取得した被相続人居住用家屋または被相続人居住用家屋の敷地等を、平成 28 年 4 月 1 日から令和 9 年 12 月 31 日までの間に売って、一定の要件に当てはまるときは、譲渡所得の金額から最高 3,000 万円（注）まで控除することができます。
これを、被相続人の居住用財産（空き家）に係る譲渡所得の特別控除の特例といいます。
（注）令和 6 年 1 月 1 日以後に行う譲渡で被相続人居住用家屋および被相続人居住用家屋の敷地等を相続または遺贈により取

1-2 情報収集に役立つ使い方

得した相続人の数が3人以上である場合は2,000万円までとなります。 特例の対象となる「被相続人居住用家屋」および「被相続人居住用家屋の敷地等」

（1）特例の対象となる「被相続人居住用家屋」とは、相続の開始の直前において被相続人の居住の用に供されていた家屋で、次の3つの要件すべてに当てはまるもの（主として被相続人の居住の用に供されていた一の建築物に限ります。）をいいます。

イ 昭和56年5月31日以前に建築されたこと。

ロ 区分所有建物登記がされている建物でないこと。

ハ 相続の開始の直前において被相続人以外に居住をしていた人がいなかったこと。

なお、要介護認定等を受けて老人ホーム等に入所するなど、特定事由により相続の開始の直前において被相続人の居住の用に供されていなかった場合で、一定の要件を満たすときは、その居住の用に供されなくなる直前まで被相続人の居住の用に供されていた家屋（以下「従前居住用家屋」といいます。）は被相続人居住用家屋に該当します。

※被相続人居住用家屋が従前居住用家屋である場合の各種要件は、コード3307「被相続人が老人ホーム等に入所していた場合の被相続人居住用家屋」で説明しています。

（2）特例の対象となる「被相続人居住用家屋の敷地等」とは、相続の開始の直前（従前居住用家屋の敷地の場合は、被相続人の居住の用に供されなくなる直前）において被相続人居住用家屋の敷地の用に供されていた土地またはその土地の上に存する権利をいいます。

なお、相続の開始の直前（従前居住用家屋の敷地の場合は、被相続人の居住の用に供されなくなる直前）においてその土地が用途上不可分の関係にある2以上の建築物（母屋と離れなど）のある一団の土地であった場合には、その土地のうち、その土地の面積にその2以上の建築物の床面積の合計のうちに一の

建築物である被相続人居住用家屋（母屋）の床面積の占める割合を乗じて計算した面積に係る土地の部分に限ります。

＜事例＞被相続人居住用家屋および被相続人居住用家屋の敷地等の範囲

【事例】
被相続人居住用家屋及び被相続人居住用家屋の敷地等の範囲
特例の適用を受けるための要件
（１）売った人が、相続または遺贈により被相続人居住用家屋および被相続人居住用家屋の敷地等を取得したこと。
（２）次のイ、ロまたはハの売却をしたこと。
イ　相続または遺贈により取得した被相続人居住用家屋を売るか、被相続人居住用家屋とともに被相続人居住用家屋の敷地等を売ること。
（注）被相続人居住用家屋は次の２つの要件に、被相続人居住用家屋の敷地等は次の（イ）の要件に当てはまることが必要です。
（イ）相続の時から譲渡の時まで事業の用、貸付けの用または居住の用に供されていたことがないこと。
（ロ）譲渡の時において一定の耐震基準を満たすものであること。
ロ　相続または遺贈により取得した被相続人居住用家屋の全部の取壊し等をした後に被相続人居住用家屋の敷地等を売ること。
（注）被相続人居住用家屋は次の（イ）の要件に、被相続人居住用家屋の敷地等は次の（ロ）および（ハ）の要件に当てはまることが必要です。
（イ）相続の時から取壊し等の時まで事業の用、貸付けの用または居住の用に供されていたことがないこと。
（ロ）相続の時から譲渡の時まで事業の用、貸付けの用または居住の用に供されていたことがないこと。
（ハ）取壊し等の時から譲渡の時まで建物または構築物の敷地

の用に供されていたことがないこと。

ハ 相続または遺贈により取得した被相続人居住用家屋を売るか、被相続人居住用家屋とともに被相続人居住用家屋の敷地等を売る場合で、次の（イ）および（ロ）または（イ）および（ハ）の要件に当てはまること（上記イに掲げる譲渡に該当するものを除きます。）。（※）

（イ）相続の時から譲渡の時まで事業の用、貸付けの用または居住の用に供されていたことがないこと。

（ロ）譲渡の時からその譲渡の日の属する年の翌年 2 月 15 日までの間に、一定の耐震基準を満たすこととなったこと。

（ハ）譲渡の時からその譲渡の日の属する年の翌年 2 月 15 日までの間に、被相続人居住用家屋の全部の取壊し等を行ったこと。

※令和 6 年 1 月 1 日以後に行う譲渡に限ります。

（3）相続の開始があった日から 3 年を経過する日の属する年の 12 月 31 日までに売ること。

（4）売却代金が 1 億円以下であること。 この特例の適用を受ける被相続人居住用家屋と一体として利用していた部分を別途分割して売却している場合や他の相続人が売却している場合における 1 億円以下であるかどうかの判定は、相続の時からこの特例の適用を受けて被相続人居住用家屋または被相続人居住用家屋の敷地等を売却した日から 3 年を経過する日の属する年の 12 月 31 日までの間に分割して売却した部分や他の相続人が売却した部分も含めた売却代金により行います。

このため、相続の時から被相続人居住用家屋または被相続人居住用家屋の敷地等を売却した年までの売却代金の合計額が 1 億円以下であることから、この特例の適用を受けていた場合であっても、被相続人居住用家屋または被相続人居住用家屋の敷地等を売却した日から 3 年を経過する日の属する年の 12 月 31 日までにこの特例の適用を受けた被相続人居住用家屋または被相続人居住用家屋の敷地等の残りの部分を自分や他の相続人が売却して売却代金の合計額が 1 億円を超えたときには、

その売却の日から4ヶ月以内に修正申告書の提出と納税が必要となります。

1億円の判定における合算対象の範囲図

（5）売った家屋や敷地等について、相続財産を譲渡した場合の取得費の特例や収用等の場合の特別控除など他の特例の適用を受けていないこと。

（6）同一の被相続人から相続または遺贈により取得した被相続人居住用家屋または被相続人居住用家屋の敷地等について、この特例の適用を受けていないこと。

（7）親子や夫婦など特別の関係がある人に対して売ったものでないこと。 特別の関係には、このほか生計を一にする親族、家屋を売った後その売った家屋で同居する親族、内縁関係にある人、特殊な関係のある法人なども含まれます。

Chat GPTによれば、以下の返答がありました。とてもわかりやすいです。

ChatGPT

入力された文章を要約し、分かりやすい日本語で、以下の条件に従って箇条書きで出力します。

● 相続や遺贈で家や土地をもらい、平成28年4月1日から令和9年12月31日の間に売る場合、最大3,000万円まで税金から引くことができる特例があります。
● 特例が適用されるのは、相続人が住んでいた家やその土地で、特定の条件を満たすものです。
　　◇家は昭和56年5月31日以前に建てられ、区分所有ではなく、相続の直前まで相続人が住んでいた家です。

◇土地は家が建っていた土地やその権利で、相続の直前に家の土地として使われていたものです。

●特例を受けるための条件には、以下があります。

1. 相続や遺贈で家や土地をもらったこと。
2. 特定の条件に合う家や土地を売ったこと。
3. 相続があった日から3年以内に売ること。
4. 売却代金が1億円以下であること。

以上の条件を満たすと、相続や遺贈で受け取った家や土地を売った際に、税金の特別控除が受けられます。

この特例の内容を正確に覚える必要はありません。仕事では、短時間で要点をつかむことが求められます。これで十分でしょう。

なお、長文を入力すると1回の入力文字数の限度を超えてしまい、エラーが発生することがあります。エラーが発生したときは、以下のように表示されます。

ChatGPT

The message you submitted was too long, please reload the conversation and submit something shorter.

（提出したメッセージが長すぎます。会話を再読込みして、もっと短い内容を提出してください。）

3. 長文を入力する方法

　文章の要約には Chat GPT の使用が書かせませんが、入力する文字数に上限があることが問題となりました。その場合、長文を細切れにして入力を繰り返す方法、別にテキストファイルに保存した文章を読み込ませて入力する方法の2通りがあります。

　Chat GPT Plus であっても、**一度に入力できる文字数は約4,000文字**です。これでは、Web サイトのニュースや解説記事の全文を入力しようとしても、文字数の上限をオーバーしてしまいます。

　そこで、長文を入力するテクニックを使うことになりますが、一つに、長文を細切れにして入力を繰り返す方法があります。これは、こちらが（完了）と入力するまで、Chat GPT に要約する作業に入ることを待ってもらう方法です。このようにすると、（完了）と入力するまでは Chat GPT が文章を生成しないため、何度でも入力を繰り返すことができます。

　例えば、以下のように入力します。

あなた

これから長文を複数に分割して入力するので、「完了しました。」というまで返答しないでください。返事は「次の入力をお願いします。」だけ返してください。

そうすると、こちらから 4,000 文字以内に細切れにした文章を順番に入力している途中では、Chat GPT は以下のように回答するだけで、何も出力してこなくなります。

ChatGPT

OK

分割した文章の入力の途中では、それが一部分であることをChatGPTに伝えます。まだ完了していないことも伝えます。

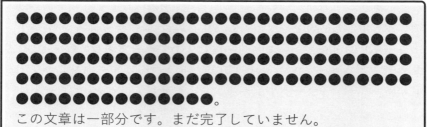

この文章は一部分です。まだ完了していません。

　細切れにした文章の入力が最後まで来ましたら、以下のように入力します。

完了しました。

以下の条件にしたがって、これまで入力してきた文章を書き直して出力してください。
（条件）
・初心者でもわかりやすい日本語表現とすること
・「です・ます」調
・要約すること
・箇条書きで出力すること

ここで最後に（完了）と入力することがポイントです。Chat GPT は、こちらの指示どおり、入力した長文の要約の作成を行ってくれます。

　もう一つは、**テキストファイルに保存した文章を読み込ませて入力する方法**があります。これは、メモ帳や Word などのソフトで長文を作成して保存し、それを Chat GPT に読み込ませる方法です。

　この方法だと、Chat GPT 以外のソフトで文章を作成して保存する手間がかかります。しかし、何度も Chat GPT へ細切れで入力を繰り返す必要がなく、一回の入力だけで全て入力することができます。

4. PDFファイルの文章を読む

　行政機関から新しい法令等ルールが出され、それがPDFファイルの文書として公開されているとしましょう。例えば、経済産業省中小企業庁の**「中小 M&A ガイドライン[2]」**を読もうとしたところ、あまりに長文で理解することができません。自分で読むと時間がかかりそうです。そのような場合、Chat GPT に読んでもらいます。

　そこで、Chat GPT に要約してもらうのです。PDFファイルをアップロードした後に、以下のスクリプトを入れます。

---

[2] /https://www.chusho.meti.go.jp/zaimu/shoukei/download/m_and_a_guideline.pdf

あなた

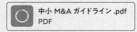
中小 M&A ガイドライン .pdf
PDF

このPDFファイルの文章について質問です。要約して、日本語で出力してください。

　そうすると、以下の回答が出力されます。箇条書きでわかりやすく整理されているため、短時間で全体像を理解することができます。

ChatGPT

提供された PDF ファイル「中小 M&A ガイドライン」は、主に後継者不在の中小企業に向けた事業承継のための M&A（合併・買収）に関する包括的な指針を提供しています。以下にその内容を要約します。

導入部：M&A が中小企業の事業承継の手段として広く認識されつつあること、および後継者不在の中小企業における廃業の防止と地域経済への影響を最小限に抑えるために M&A の促進が必要であることが述べられています。

ガイドラインの構成：ガイドラインは後継者不在の中小企業向けの手引きと支援機関向けの基本事項という 2 つの主要な章から成り立っています。

M&A のプロセスと注意点：
1. 事業評価：企業の財務状況と市場価値を精密に評価し、売買の基礎を築く。
2. マッチング：適切な買収候補を見つけ、両者のニーズに合致するよう仲介する。
3. 交渉：双方の条件を明確にし、公平な交渉を通じて合意を形成する。
4. 契約締結：法的拘束力のある契約を交わし、事業売買を正式に確定する。
5. デュー・ディリジェンス：買収対象の財務、法務、業務のリスクを詳細に調査し、未知の問題を明らかにする。
6. クロージング：最終契約を締結し、金銭や資産の授受を完了させる。

プラットフォームと支援センター：M&A プラットフォームと事業承継・引継ぎ支援センターの活用についてのガイダンスが提供されており、これらのリソースを効果的に利用する方法についての指針が含まれています。

手数料構造と倫理的考慮事項：M&A 取引における一般的な手数料構造と、関与するプロフェッショナルの倫理的考慮事項

について説明されており、透明性と信頼性の向上を目指しています。

追加資料：手続き、ベストプラクティス、ケーススタディをさらに理解するための参考資料と付録が含まれており、事業主と支援機関の両方にとって有益な情報が提供されています。

この文書は、日本の中小企業の M&A を促進することで、事業の承継を支援し、地元経済の安定と成長に寄与することを目的としています。

5. PDFファイルから情報を検索する

　長文を記載したPDFファイルを読むには、時間を要します。調べたい内容が明確であっても、目次から該当ページを見つけ出さなければいけません。そのような場合、Chat GPTに本文を検索してもらいましょう。

> **あなた**
>
> 中小M&Aガイドライン.pdf
> PDF
>
> PDFファイルには、中小M&Aガイドラインの全文が記載されています。中小M&Aガイドラインでは、中小M&Aにおける税理士の役割は、どのように説明されていますか。

　PDFの文章から回答を見つけ出し、わかりやすい文章にまとめて出力してくれます。

> **ChatGPT**
>
> 中小M&Aガイドラインにおいて、税理士の役割は以下のように詳細に説明されています：
>
> 1. 税務申告の適正化：
> 税理士は、適切な税務申告書の作成をサポートします。これには、適正な申告を通じて、企業の財務透明性を高める助言が含まれます。
> 2. コーポレートガバナンスの支援：
> 税理士は、株式や事業用資産の整理及び集約の支援を提供することで、効果的なコーポレートガバナンスの構築を支援します。

3.M&A に伴う経営者保証の解除：

税理士は、M&A に伴う経営者保証解除を円滑に実行するための支援を提供します。これには、適切な税務戦略の策定と提案が含まれます。

4. 税務デュー・ディリジェンス（DD）：

M&A プロセスにおいて、税理士は税務デュー・ディリジェンスを実施し、税務リスクの評価や必要な税務調整を行います。

5. バリュエーションの支援：

税理士は企業価値評価に関わり、特にインカムアプローチ、マーケットアプローチ、コストアプローチを通じて評価を行うことがあります。

6. マッチングサイトの活用：

税理士は M&A マッチングサイトを活用することで、適切な譲渡先や譲受先の選定をサポートします。

これらの役割は、M&A 取引を円滑に進行させるために非常に重要であり、税理士は M&A における複数の重要な段階でクライアントを支援することに貢献しています。

6. 表にまとめる

お客様へ提示する資料をわかりやすくするために、図表を入れたいときがあります。そのような場合、Chat GPT に図表を作成させましょう。

あなた

以下の文章を表にまとめてください。
（文章）
身分関係の資料としては、被相続人の戸籍謄本および除籍謄本、住民票の提出が必要です。また、相続人全員の戸籍謄本と住民票も合わせてご準備ください。
不動産関係では、該当する不動産の登記簿謄本をはじめ、公図、測量図、路線価図、そして固定資産税評価証明書の提出をお願いします。
銀行預金と証券口座に関しましては、残高証明書をご入手ください。
生命保険に関しては、保険証書と支払通知書をご用意いただきたく思います。
債務および葬式に関わる資料として、領収書をご提出ください。
以上が、相続手続きを進めるにあたり必要となる資料のご案内です。資料の準備に際してご不明な点やお困りのことがございましたら、どうぞお気軽にお問い合わせください。

そうすると、Chat GPT が表にまとめてくれます。この表は、コピー&ペーストで Excel に移すこともできます。

ChatGPT

下の表に、相続手続きに必要な資料をカテゴリごとにまとめました。

カテゴリー	必要な書類
身分関係	被相続人の戸籍謄本および除籍謄本、住民票、相続人全員の戸籍謄本と住民票
不動産関係	不動産の登記簿謄本、公図、測量図、路線価図、固定資産税評価証明書
銀行預金と証券口座	残高証明書
生命保険	保険証書と支払通知書
債務および葬式	領収書

これらが相続手続きを進めるにあたり必要となる資料です。資料の準備についてご不明な点やお困りのことがあれば、お問い合わせください。

7. アイデアを出してもらう

　頭を使ってアイデアを出す作業を担当するとき、担当者の体調によってアイデアが出てこないときがあるでしょう。そんなときは、Chat GPT にアイデアを出してもらいます。例えば、斎場で相続手続き代行サービスのチラシを配布しているものの、顧客からの電話がかかってこなかったとしましょう。Chat GPT に相談します。

あなた

> あなたは、販売促進を担当する優秀なマーケターです。
> 斎場のラックに「相続手続き代行サービス」のチラシを置いて、お客様に配布しています。しかし、お客様からお問い合わせの電話がかかってきません。
> お客様からのお問い合わせが最大化されるようにするためには、どのようなチラシを作成すればよいでしょうか。
> ・チラシに記載すべき内容を考え、箇条書きで示してください。
> ・キャッチコピーを考え、3つ提示してください。

　このように入力すると、Chat GPT は以下のようなアイデアを提示してくれます。

ChatGPT

> 相続手続き代行サービスのチラシを作成する際には、受け手の感情やニーズに配慮しながら、サービスの価値や利点を明確に伝えることが重要です。斎場での配布を考えると、訪れる人々は故人を偲び、喪に服しているため、敬意を表し、心に寄り添う表現を用いることが大切です。以下のポイントを

踏まえたチラシの内容がお勧めです。

チラシに記載すべき内容
- サービス紹介：相続手続き代行サービスとは何か、簡潔に説明。
- サービスのメリット：
  - ◇法律的な手続きの煩雑さからの解放
  - ◇相続に関するトラブルの予防
  - ◇専門家による迅速かつ正確な手続き
- 提供サービスの詳細：
  - ◇相続登記
  - ◇遺産分割協議書の作成支援
  - ◇相続税申告
  - ◇その他関連手続き
- 料金体系：透明性のある料金体系を提示。
- お客様の声：サービスを利用した人々の感謝の声や体験談。
- 連絡先：電話番号、メールアドレス、ウェブサイト。
- 相談の呼びかけ：無料相談会の案内や、気軽に問い合わせ可能なアピール。

キャッチコピーの提案
1．「大切な人をしのぶ時間、相続の心配ごとは私たちにお任せください」
2．「相続手続き、専門家が寄り添い、安心へと導きます」
3．「故人への最後の想い、トラブルなく伝えるサポート」

これらのキャッチコピーは、読者の感情に訴えかけ、相続手続きに関するストレスや不安を軽減するサービスの存在を優しく伝えることを意図しています。サービスの具体的な利点や、相続手続きの難しさから解放されることへの安心感を前面に出すことで、お問い合わせの増加が期待できます。

これらに納得しなければ、他のアイデアを提示してもらいましょう。以下のようにプロンプトを書きます。

あなた

上記キャッチコピーを以下の条件に従って、書き直してください。
（条件）
・文字数を 20 文字以内とする

制約条件に従って、Chat GPT は以下のように変更してきます。

ChatGPT

キャッチコピーの再考案を行います。20 文字以内で表現する必要があるため、簡潔かつ強いメッセージ性を持たせる必要があります。以下に提案します。

1.「相続手続き、安心をお届けします」
2.「お任せください、スムーズな相続支援」
3.「心配無用、相続のすべてをサポート」

1-3 顧客営業に役立つ使い方

1. お客様へメールを書く（日程調整）

　例えば、自社ホームページからお問い合わせがあったお客様との初回面談の日程調整を行いたい場合、そのメールを Chat GPT に書いてもらいます。

　ここでは、お客様からの問い合わせの内容が漠然としていて不明確ではあったものの、とにかく初回面談を入れることが重要だということを前提としましょう。その**「目的」を明確に示すと効果的な文章が出力されます。**

あなた

以下の目的のために、以下の条件にしたがって、以下の内容のメールを出力してください。
（目的）
・必ず面談の候補日程を出してもらうこと
（条件）
・丁寧に
・当社を魅力的にアピール
（内容）
・お客様である神田様へ
・相続手続きの進め方をお悩み
・私が面談して、質問に回答する
・当社に来てほしい
・候補日程を出してくれ

　そうすると、Chat GPT がメールを作成してくれます。これを Gmail 又は Outlook にコピー＆ペーストして使えばよいでしょう。

ChatGPT

件名：神田様への個別相談のご連絡

神田様

平素より格別のご愛顧を賜り、誠にありがとうございます。

相続手続きに関するご相談を承りました。
この大切な局面において、神田様のご不安や疑問に対し、私が全力でサポートさせていただきたいと思います。

相続手続きは、ときに複雑で精神的な負担も大きいものです。
私は、これまで多数の相続案件を取り扱ってきた経験を持ち、神田様の疑問に明確にお答えするとともに、スムーズで安心できる手続きをご案内いたします。

面談につきましては、神田様のお忙しいスケジュールを考慮し、ご希望の場所と時間で対応させていただきます。
もちろん、当社のオフィスでのご面談も歓迎いたします。私が直接、神田様のご相談に乗らせていただきます。

ご面談の日程につきましては、以下の候補をご提案させていただきます。ご都合の良い時間帯をお知らせください。

日程 1:
日程 2:
日程 3:

もし上記の日程で都合がつかない場合、神田様のご都合に合わせて新たに調整させていただきます。どうかお気軽にご指

定ください。

相続手続きのお悩みを少しでも軽減できるよう、一人ひとり
のお客様に寄り添うサービスを心がけております。
ご返信を心よりお待ちしております。

2. お客様へメールを書く（個別面談）

お客様にメールを書くときは、Chat GPTを使いましょう。短時間で書き上げることができます。**その際、プロンプトには、書きたいことを箇条書きにします。**何も考えず、思いついたことをどんどん書いていけばよいです。体裁を整える必要はありません。自分は必要な情報を漏らさず入力することに専念しましょう。

あなた

以下の内容のメールを書いてください。

（内容）
・田中様へ
・初回面談のご依頼、ありがとうございます。
・私が担当する職員の岸田です。
・明日2月28日（水）16:00に当社へお越しください。
・場所は地下鉄日比谷線茅場町から徒歩5分です。
・その際に固定資産税課税明細書をご持参ください。
・よろしくお願いします。

Chat GPTは以下のような文章を出力してくれます。これをGmailやOutlookへコピー&ペーストすればよいでしょう。

ChatGPT

件名：初回面談のご確認とお願い

田中様

お世話になっております。
この度は初回面談のご依頼をいただき、誠にありがとうございます。
私、岸田が担当させていただきます。

面談の日程につきまして、明日2月28日（水）16:00に当社にお越しいただくようお願い申し上げます。
場所は地下鉄日比谷線茅場町駅から徒歩5分の位置にございます。

面談に際して、固定資産税課税明細書をご持参いただけますと幸いです。これにより、より具体的かつ効率的なご相談が可能となります。

ご不明点や追加でご相談いただきたいことがございましたら、いつでもご連絡ください。
田中様のお越しを心よりお待ちしております。

岸田

　ここで入力すべき内容が漏れていたことに気づいたとしましょう。その場合、メールを書き直すために、追加情報を入力します。

あなた

上記メールに、以下の内容を追加してください。

（内容）
・戸籍謄本も持参してほしい。
・場所がわからない場合は、こちらに電話してきてほしい。

第1章　第2章

・03-4570-0810

Chat GPT は以下のような文章を出力してくれます。全文をコピー＆ペーストし直せばよいでしょう。

ChatGPT

件名：初回面談のご案内

田中様

いつもお世話になっております。
この度は初回面談のご依頼、誠にありがとうございます。
私は担当する職員の岸田と申します。

お打ち合わせの日程ですが、明日 2 月 28 日（水）16:00 に当社へお越しください。
場所は地下鉄日比谷線茅場町駅から徒歩 5 分の位置にございます。
面談の際には、固定資産税課税明細書と戸籍謄本をご持参いただきますようお願いいたします。

場所がご不明な場合は、遠慮なく下記の電話番号までご連絡ください。
電話番号：03-4570-0810

ご不明点や追加でご相談いただきたいことがございましたら、いつでもご連絡ください。
田中様のお越しを心よりお待ちしております。

1-3　顧客営業に役立つ使い方

岸田

3. お客様へメールを書く（イベント案内）

　来月、既存のお客様を招待するセミナーが開催されるとしましょう。営業担当としてお客様にメールでご案内しなければいけません。その場合、Chat GPT にメールを書いてもらいましょう。

あなた
以下の目的のために、以下の条件にしたがって、以下の内容のメールを書いてください。 （目的） ・お客様をたくさん集める （条件） ・丁寧に書く （内容） ・相続専門の税理士を招いてセミナーを開催する ・2月14日（土）13:00 – 15:00 ・参加費は無料・場所は当社会議室 ・特典として小冊子をプレゼント ・申し込みはメールで

　Chat GPT は、イベントの実施要項をわかりやすく整理して出力してくれます。営業担当者は、これを Gmail や Outlook へコピー＆ペーストすればよいでしょう。

ChatGPT

件名：【無料セミナー】相続専門家による特別セミナーのご案内

いつも大変お世話になっております。
この度は、皆様にお知らせがございます。
相続税に関する不安や疑問を解消するための特別セミナーを開催いたします。
このセミナーでは、相続専門の税理士を招いて、相続税の基礎知識から節税対策まで、幅広い内容をわかりやすく解説いたします。

【セミナー概要】
日時：２月14日（土）
時間：午後１時から３時まで
場所：当社会議室
参加費：無料
特典：参加者全員に相続税対策の小冊子をプレゼント

相続に関してお悩みのある方はもちろん、将来を見据えて早めに準備をしておきたい方にも、大変有意義な時間となることをお約束いたします。
相続専門家から直接、貴重な情報を得られるこの機会をぜひご利用ください。

【申し込み方法】
参加をご希望の方は、メールにてお名前と連絡先を明記の上、下記のメールアドレスまでお申し込みください。
席には限りがありますので、お早めにご連絡いただけますと幸いです。

申し込みメールアドレス：[ここにメールアドレスを記入]
皆様のご参加を心よりお待ちしております。

4. お客様へメールを書く（簡単な催促）

　例えば、お客様へ資料を催促するメールを書きたい場合、Chat GPT に書いてもらいましょう。**「丁寧に」というプロンプトを入力すると良い文章が出力されることでしょう。**

あなた

以下の条件にしたがって、以下の内容のメールを書いてください。
（条件）
・丁寧に
（内容）
・お客様である加藤様へ
・相続手続きについて
・依頼した資料は準備できましたか
・早めに送ってください

　そうすると、Chat GPT が一瞬で完全なメールを作成してくれます。これを Gmail 又は Outlook にコピー&ペーストすればよいでしょう。

ChatGPT

件名：相続手続きに関する資料の準備について

加藤様

いつも大変お世話になっております。
この度は、相続手続きに関するお手続きをご依頼いただき、誠にありがとうございます。
加藤様にお願いしておりました資料の準備状況について、お伺いさせていただきたくメールを差し上げました。

手続きをスムーズに進めるためにも、資料が準備でき次第、お早めに弊社まで送付いただけますと幸いです。
もし資料に関してご不明点やご質問がございましたら、遠慮なくお問い合わせください。

加藤様のご協力に心より感謝申し上げます。
資料の送付を心待ちにしております。
どうぞよろしくお願い申し上げます。

5. お客様へメールを書く（謝罪）

　お客様から仕事の依頼を受けていたにもかかわらず、その対応を失念し、お客様からクレームを受けたとしましょう。その際、電話はもちろん、メールでも丁寧にお詫びしなければいけません。

　このような状況では、自分では冷静にメールを書くことはできません。Chat GPT に代わりに書いてもらいましょう。

あなた

・あなたは、会計事務所の職員の岸田です。
・お客様である田中様から申告費用の見積書をすぐに提示せよと言われていましたが、失念して放置していました。その後、お客様から「早く出せ」とのクレームを受けました。
・丁寧な謝罪メールを書いてください。

　Chat GPT が以下の謝罪メールを書いてくれました。

ChatGPT

件名：お詫びと見積書提示の遅延について

田中様

いつも弊社のサービスをご利用いただき、誠にありがとうございます。
岸田です。
この度は、お客様からの重要なご依頼に関しまして、見積書の提示が遅れてしまい、多大なるご迷惑をおかけしたことを心よりお詫び申し上げます。

申し訳ございませんでした。

私の不注意により、お客様に不快な思いをさせてしまったこと、深く反省しております。今後はこのようなことが無いよう、日々の業務管理を一層厳しく行い、お客様には迅速かつ正確なサービスを提供できるよう努めてまいります。

また、現在、最優先で田中様の見積書を作成中でございます。見積書は［具体的な提出予定日時］までに、メールにて送付させていただきます。

この度の件でお心にかけさせてしまったこと、改めて深くお詫び申し上げます。
何かご不明点やご質問がございましたら、お気軽にご連絡ください。
今後とも変わらぬご愛顧のほど、よろしくお願い申し上げます。

岸田

6. 営業トークを習う（自己紹介）

　明日、新規獲得したお客様との初回面談があるとしましょう。営業担当としての接客にまだ慣れていない場合、Chat GPT に指導を受けましょう。

　まずは自己紹介です。

あなた

以下のお客様と初回面談があります。明日、私がお客様に対して自己紹介を行います。トーク・スクリプトを書いてください。私のプロフィールは以下のとおりです。
（お客様）
・荒川区在住
・田中和子様
・75 歳女性
・1 月 23 日にご主人が他界
・相続税申告の相談がある
（私のプロフィール）
・岸田康雄
・岸田税理士事務所の職員
・相続の仕事の経験は 3 年
・不動産売買仲介も得意としている
・営業担当者として相談に乗る

Chat GPT が以下の文章を作成してくれました。

第 1 章　第 2 章

> ### ChatGPT
>
> 岸田康雄さんのトーク・スクリプト
>
> 【自己紹介】
> 「田中和子様、本日はお時間をいただき、ありがとうございます。岸田康雄と申します。岸田税理士事務所にて相続専門の職員として働いております。私の主な業務は、相続税に関する相談対応や申告手続きのサポート、さらに不動産売買仲介も行っております。相続に関することであれば、どんな小さな疑問や心配事でもお気軽にご相談ください。」
>
> 【経験と専門性の強調】
> 「相続に関わる仕事を始めて 3 年になりますが、この間、多くの相続案件を扱ってきました。特に、不動産を含む相続財産の評価や、税務申告における複雑な問題解決には自信を持っております。お客様の大切な財産を守り、最適な相続が行えるよう全力でサポートいたします。」
>
> 【お客様の状況への共感とサポートの提案】
> 「先日、ご主人様を亡くされたとのこと、心よりお悔やみ申し上げます。このような悲しい時期に相続税のことでお悩みをお持ちだと伺いました。相続は感情的にも、手続きの面でも大変なものです。私たちはそのような時、お客様が少しでも負担を感じることなく、スムーズに進められるよう、精一杯サポートさせていただきます。」
>
> 【次のステップについて】
> 「今日は、まずはお客様の現状やご希望をじっくりと伺いたいと思います。その上で、相続税申告についての概要をご説明し、

1-3　顧客営業に役立つ使い方

ChatGPT Plus

どのように進めていくのが最適か、一緒に考えていければと思います。また、不動産の評価や売買に関してもご相談いただければ、私の得意分野ですので、詳しくアドバイスさせていただきます。」

【結び】
「田中様、今はとても大変な時期かと思いますが、一つ一つ丁寧に対応していきましょう。ご不明な点やご心配なことがございましたら、いつでもお話しいただければ幸いです。本日はどうぞよろしくお願いいたします。」

7. 営業トークを習う（わかりやすい説明）

　また、高齢のお客様に専門的な手続きを説明する場合、難しい表現で説明しても理解してもらうことはできません。平易な表現で説明することが求められます。例えば、**「遺産分割協議とは何か」** を説明するとしましょう。以下のプロンプトを入力します。

あなた

以下の条件にしたがって、以下の内容を説明してください。
（条件）
・学生でも理解できるような平易な表現で話す
（内容）
・遺産分割協議とは

　Chat GPT は以下のように平易な表現を使った説明文を出力してきます。

ChatGPT

遺産分割協議とは、誰かが亡くなった後に、その人の持っていたお金や家、土地などの財産を、遺された家族がどのように分けるかを決める話し合いのことです。

人が亡くなると、その人が生前に持っていたものやお金は、「遺産」として残ります。しかし、その遺産を誰がどれだけ受け取るかは自動で決まるわけではありません。だから、亡くなった人の家族や遺言に名前があげられた人たちが集まって、平和的に遺産を分ける方法について話し合います。これが遺産分割協議です。

この協議は、亡くなった人が残した「遺言書」がある場合でも、ない場合でも行われます。遺言書がある場合は、その内容に従って分配します。遺言書が全ての遺産をカバーしていない場合や、遺言書がない場合は、参加する全員の合意が必要になります。

遺産分割協議をするときは、正式な書類に記録して、みんなで署名します。これは、後で「こんなはずじゃなかった」というトラブルを避けるためにとても大切です。

　ここで、**「遺言書」**の説明に自信が無いとしましょう。お客様からの質問に回答できるようにするため、その点について深掘りしておきます。直前のプロンプトで制約条件を入力してありますから、内容だけ入力すればよいでしょう。

あなた
（内容） ・遺言書とは

ChatGPT

遺言書とは、人が亡くなった後に自分の財産や大切なものを
どう分けたいか、または特定の人に何を残したいかを書き記
した文書のことです。簡単に言うと、「この人が生きている間に、
自分のものを誰に、どのように渡したいかを決めておく手紙」
みたいなものです。

遺言書を作るときには、いくつかルールがあります。たとえば、
遺言書は自分で全部手書きするか、証人がいる前で口頭で伝
えるか、または公証人の前で正式に作るか選ぶことができます。

もし遺言書があれば、遺産分割協議はその遺言書に書かれた
通りに進められます。でも、遺言書がない場合や、遺言書に
書かれていない財産がある場合は、家族や関係者が話し合っ
て分ける必要があります。

8. 営業トークを習う（手順の説明）

　多数の手順がある手続きをお客様に説明するとき、**「ステップバイス テップで」** というプロンプトを使うことが効果的です。

あなた

以下の条件にしたがって、以下の内容を説明してください。
（条件）
・ステップバイステップで
（内容）
・相続における遺産分割協議書の作り方

　Chat GPT は以下のような手順を出力してくれます。営業担当者は、この手順をお客様に一つひとつ丁寧に説明すればよいでしょう。

ChatGPT

相続における遺産分割協議書の作成は、相続人間で遺産をどのように分割するかを明確にする重要なプロセスです。以下は、遺産分割協議書をステップバイステップで作成するためのガイドラインです。

●ステップ1：相続人の確定
まず、相続人が誰であるかを確定します。相続人には、法定相続人と遺言により指名された相続人がいます。

●ステップ2：財産目録の作成
故人が残した全ての財産（不動産、預貯金、株式など）と負債（借金、未払いの請求など）のリストを作成します。

●ステップ3：相続財産の評価
相続財産を評価します。不動産の場合は、路線価で評価することが一般的です。

●ステップ4：相続分の決定
法定相続分に基づき、または相続人全員の合意に基づいて、各相続人の取得する相続財産の割合を決定します。

●ステップ5：会議の開催
相続人全員が参加する会議を開催し、遺産分割について話し合います。この際、弁護士や税理士などの専門家に立ち会ってもらうことも検討してください。

●ステップ6：遺産分割協議書の作成
合意に達した内容をもとに、遺産分割協議書を作成します。この協議書には以下の内容を含めることが一般的です。
文書のタイトル「遺産分割協議書」
　　　　◇作成日
　　　　◇相続人の氏名と住所
　　　　◇故人の氏名と死亡日
　　　　◇分割する財産の内容と各相続人が受け取る財産
　　　　◇相続人全員の署名及び捺印（印鑑証明書の添付が必要）

●ステップ7：関連手続きの完了
不動産の名義変更や銀行口座の解約など、遺産分割協議書に基づいた具体的な手続きを行います。

● 注意点
相続税の申告についても考慮し、必要に応じて税理士に相談してください。
相続人間で合意が得られない場合は、家庭裁判所に遺産分割

の調停を申し立てることも可能です。

9. ビジネスマンとしての指導を受ける（接客術）

たとえば、接客が苦手であることを悩んでいたとしましょう。Chat GPT に解決策を指導してもらうことができます。

あなた

あなたは、営業成績が抜群のビジネスマンです。私は、接客が苦手なのですが、どうすれば接客が上手になるか、指導してください。

次のように Chat GPT から以下の指導を受けることができます。

ChatGPT

接客スキルを向上させるためには、いくつかのポイントに注意して実践することが重要です。以下に、接客スキルを向上させるための具体的な方法をいくつか紹介します。

1. コミュニケーション能力を高める
● 聞く力を養う：顧客の話に耳を傾け、理解しようとする姿勢が重要です。顧客が何を求めているのか、どのような悩みを持っているのかをしっかりと把握します。

● 明確に伝える：自分の言いたいことを簡潔かつ明確に伝えることが大切です。専門用語を避け、顧客が理解しやすい言葉を選びましょう。

2. ポジティブな態度を保つ
● 笑顔を忘れずに：笑顔は、顧客を安心させ、ポジティブな

印象を与えます。

● 前向きな言葉遣いを心がける：「できない」よりも「できるように努力します」といった前向きな表現を使うことで、顧客の信頼を得やすくなります。

3. 製品やサービスの知識を深める
● 知識を常にアップデートする：提供している製品やサービスに関する知識を深め、最新の情報を常にキャッチアップすることが大切です。顧客からの質問に正確に答えられるようにします。

4. 柔軟性を持つ
● 顧客のニーズに合わせる：顧客一人ひとりのニーズに合わせた対応を心がけます。一律の対応ではなく、柔軟に応じることが大切です。

5. 自己反省と改善
● フィードバックを受け入れる：顧客や同僚からのフィードバックを積極的に受け入れ、自分の接客スキルを客観的に評価します。そして、必要に応じて改善策を講じます。

6. ロールプレイを活用する
● 練習を重ねる：実際の接客シチュエーションを想定したロールプレイを行い、反応や対応の仕方を練習します。同僚や友人とのロールプレイを通じて、実際の接客で生じるさまざまな状況に慣れることが重要です。

これらの方法を実践することで、接客スキルを徐々に向上させることができます。重要なのは、常に顧客の立場に立って考え、ポジティブな姿勢で改善に取り組むことです。自分自

身の成長を楽しみながら、少しずつ接客が得意になっていく
ことを目指しましょう。

10. ビジネスマンとしての指導を受ける
（お客様の理解）

　たとえば、相続税申告を専門とする税理士として集客に悩んでいたとしましょう。解決策を指導してもらうことができます。

あなた

相続税申告が必要な人が、どのように税理士を見つけるか、そのプロセスを教えてください。

次のように Chat GPT から以下の指導を受けることができます。

ChatGPT

相続税申告が必要な人が税理士を見つけるプロセスは以下のステップに分けられます。

1. 情報収集：
インターネット検索：Google などの検索エンジンを使用して、地域の税理士や税理士事務所を検索します。キーワードには「相続税　税理士」や「相続税申告　税理士」など、具体的なサービスを含めると良いでしょう。
紹介：家族、友人、またはビジネス関係者から税理士を紹介してもらうことも一つの方法です。信頼できる人からの紹介は、質の高いサービスを受ける可能性を高めます。
専門団体：日本税理士会連合会や地方税理士会のウェブサイトを利用して、登録されている税理士を探すことができます。これらのサイトでは、地域や専門分野に基づいて税理士を検索することが可能です。

2. 候補のリストアップ：
見つけた税理士や事務所の情報をリストアップし、それぞれの経験、専門分野、提供サービス、料金体系などを比較検討します。

3. 相談の予約：
税理士や事務所に連絡を取り、相続税申告に関する初回相談の予約をします。この時、相談料が無料か有料かを確認しておきましょう。

4. 準備：
相談日までに、相続に関する資料や必要な情報を整理しておきます。これには、遺産の内訳、不動産の評価額、預金や株式の情報、被相続人の借金の情報などが含まれます。

5. 初回相談：
相談では、相続の状況を詳細に説明し、税理士からのアドバイスや提案を受けます。料金体系、契約条件、申告までの流れなど、具体的なサービス内容についても確認しましょう。

6. 契約：
サービス内容や料金に納得したら、正式に契約を結びます。契約内容には、サービス範囲、料金、秘密保持義務、相続税申告に関わる期限などが明記されています。

このプロセスを通じて、相続税申告に必要な専門的なサポートを受けることができます。相続税の申告は複雑であるため、経験豊富な税理士に相談することが重要です。

11. 画像を作る

　お客様へ提示する資料をわかりやすくするために、イラストや写真を入れたいときがあります。例えば、相続のお客様に対して遺産分割協議を説明する資料を作成したところ、ページに大きな余白が残ったとしましょう。そのような場合、Chat GPT に画像を生成させ、それを余白に貼り付けます。

あなた

以下の条件にしたがって、以下の状況の画像を生成してください。
（条件）
・アニメ風
・明るい雰囲気
・サイズは 16：9
（状況）
・高級な家のリビング
・80 代の女性 1 人が座って聞いている
・50 代の男性 1 人が話をしている
・50 代の女性 2 人が座って聞いている
・テーブルの上に書面がある

Chat GPT が次の図を描いてくれました。

ChatGPT

1-3 顧客営業に役立つ使い方

1-4 業務遂行に役立つ使い方

1. 社内向けメールを書く（日程調整）

　営業担当者は多数のメールを書きます。仕事を効率的に進めるには、短時間でメールを書き上げなければいけません。簡単なメールであれば、Chat GPT に書かせてしまってもよいでしょう。

　例えば、日程調整することだけを目的とするメールを書きたい場合、Chat GPT に書いてもらいましょう。

あなた

以下の条件にしたがって、以下の内容のメールを書いてください。
（条件）
・丁寧に
（内容）
・田中部長へ
・来週、会議を実施したいので、日程調整してください。

　そうすると、Chat GPT が一瞬で完全なメールを作成してくれます。これを Gmail 又は Outlook にコピー＆ペーストすればよいでしょう。

ChatGPT

件名：来週の会議日程についてのお願い

田中部長

お疲れ様です。
いつもご指導いただきありがとうございます。
来週、重要な会議を実施したいと考えております。
会議の目的は、［会議の目的を記載］について議論し、具体的な方向性を決定することにあります。これには部長のご経験とご見識が不可欠であり、ぜひともご参加いただきたいと考えております。

つきましては、田中部長のご都合のよい日時を教えていただけますでしょうか。可能であれば、複数の候補日をいただけますと日程調整がスムーズに進むかと思います。

ご多忙の中恐縮ですが、ご確認の上、ご都合のよい日時をお知らせいただけますと幸いです。会議の準備を進めるため、［返信期限］までにご返信いただければと思います。

どうぞ宜しくお願い致します。

2. 社内のレポート（日報）を書く

　営業担当者は日報を書きます。仕事を効率的に進めるには、短時間で日報を書き上げなければいけません。簡単な日報であれば、Chat GPTに書かせてしまってもよいでしょう。

　例えば、手書きのメモをそのまま Chat GPT に入力し、情報を整理してもらいましょう。

あなた

以下の内容の日報を書いてください。
・2月28日（火）15:00-16:00
・山田花子様と初回面談した
・場所はご自宅
・2月21日（火）にお母様がご逝去
・老人ホームに入っていて自宅は空き家だった
・相続人は兄弟3人いる、もめそうだ
・自宅を売却したい
・仕事が忙しくて相続手続きができない、手続き代行を依頼したい
・申告も必要かもしれない

　そうすると、Chat GPT が一瞬で完全な日報を作成してくれます。営業担当者がやるべき次のタスクまで箇条書きにしてくれるため、助かります。これを社内データベースにコピー＆ペーストすればよいでしょう。

ChatGPT

日報

日付：2023 年 2 月 28 日（火）
時間：15:00 - 16:00
件名：山田花子様との初回面談
場所：山田様宅

面談内容
● 相談者：山田花子様
● 背景：山田様のお母様が 2023 年 2 月 21 日にご逝去された。老人ホームに入居されていたため、自宅は現在空き家となっている。相続人は山田様を含む兄弟 3 人。
● 相続に関する状況：兄弟間での意見の対立が予想されるため、相続に関して複雑な状況が予想される。山田様は自宅の売却を希望されているが、仕事が忙しく、相続手続きを自ら行うことが難しい状況である。
● 依頼内容：相続手続きの代行、および必要に応じた申告手続きのサポート。

対応策
1．相続手続きの代行に関して：山田様の代わりに、相続に必要な手続きを行うための契約を結ぶ。相続人全員との調整を含め、円滑な手続きが進むようサポートする。
2．不動産売却の相談：自宅売却に関して、不動産市場の現状分析および適切な売却方法の提案を行う。また、売却に伴う税金の相談も含め、総合的なアドバイスを提供する。
3．税務申告のサポート：相続に伴う税務申告が必要な場合、申告内容の確認から書類作成、提出までをサポートする。

次のステップ

- 兄弟間での初期協議を設定し、相続に関する意見の調整を試みる。
- 不動産業者との連絡を取り、自宅の査定を依頼する。
- 税理士に相談し、相続税申告に関する詳細な準備を行う。

3. タスクを明確化する

　仕事を効率的に遂行するには、タスク管理が重要です。しかし、上司から複雑な指示を出されたときは、混乱してタスクを整理できなくなります。このような場合、指示された内容を Chat GPT に整理してもらうとよいでしょう。

あなた

以下のメールからタスクと期限を抽出して、箇条書きで整理してください。
（メール）
お疲れ様でございます。
今週金曜日ですが、お客様との初回面談がありますので、前日の木曜日までに会社案内の資料を印刷、製本しておいてください。また、同席する佐藤さんにも、お客様の相談内容を説明しておいてください。さらに、なるべく早く新川オフィスの会議室の予約をお願いします。面談の当日ですが、午前中にお客様に電話して茅場町駅から新川オフィスへの道順を説明しておいてください。
よろしくお願い申し上げます。

　Chat GPT は、以下のように整理してくれます。

> **ChatGPT**
>
> - 木曜日までに会社案内の資料を印刷、製本する。
> - 佐藤さんにお客様の相談内容を説明する。
> - 早急に新川オフィスの会議室を予約する。
> - 面談当日の午前中にお客様に電話して、茅場町駅からの道順を説明する。

ChatGPTでは、表にして出力することも可能です。

> **あなた**
>
> 上記タスクを表にしてください。

Chat GPT は表で出力してくれます。とても見やすくなりました。

> **ChatGPT**
>
> こちらがタスクと期限を整理した表です：
>
> | タスク | 期限 |
> |---|---|
> | 会社案内の資料を印刷、製本する | 木曜まで |
> | 佐藤さんにお客様の相談内容を説明する | 指定なし |
> | 新川オフィスの会議室を予約する | 早急に |
> | お客様に電話して、茅場町駅からの道順を説明する | 面談当日の午前中 |

さらに、出力された表を自ら加工するために、Excel で出力することも可能です。

あなた

この表を Excel で出力してください。

リンクが表示されますので、そこをクリックすればダウンロードすることができます。

ChatGPT

タスクと期限が整理された Excel シートはこちらからダウンロードできます：tasks_schedule.xlsx

	A	B
1	**タスク**	**期限**
2	会社案内の資料を印刷、製本する	木曜日まで
3	佐藤さんにお客様の相談内容を説明する	指定なし
4	新川オフィスの会議室を予約する	早急に
5	お客様に電話して、茅場町駅からの道順を説明する	面談当日の午前中
6		
7		

段取りが悪い人であれば、タスクを箇条書きするだけでは、何を最初にやるべきかわからないことがあります。このような場合、Chat GPTに優先順位をつけてもらいましょう。

> **あなた**
>
> これらのタスクに優先順位をつけてください。ただし、初回
> 面談の前にすべて完了させるものとします。

　そうすると、Chat GPT が優先順位をつけて書き直してくれます。こ
れによって、適切な順序で仕事を進めることができます。

> **ChatGPT**
>
> この条件に基づき、優先順位をつけて整理します。：
>
> 1. 新川オフィスの会議室を予約する
>   ● 期限：早急に
>
> 2. 会社案内の資料を印刷、製本する
>   ● 期限：木曜日まで
>
> 3. 佐藤さんにお客様の相談内容を説明する
>   ● 期限：面談前日まで
>
> 4. お客様に電話して、茅場町駅からの道順を説明する
>   ● 期限：面談当日の午前中

4. 簡単な計算を行う

　デスクワークをしていて、簡単な計算を行うときがあります。電卓を取り出すのは面倒、Excel を使うにしても計算式を入力するのは面倒だという場合、Chat GPT に計算してもらいましょう。

　例えば、四則演算です。

あなた

1,125,000 × 35 を計算し、それに消費税を加算しててください。

Chat GPT は以下のように回答を出してくれます。

ChatGPT

まず、1,125,000 円に 35 を掛けた値を計算します。その後、計算された金額に消費税を加算します。日本の消費税率は 10% ですので、計算結果に対してその 10% を加えることになります。

1. 1,125,000 円 ×35 を計算します。
2. 得られた金額に対して、10% の消費税を加算します。

計算結果は以下の通りです：
1. 1,125,000 円 ×35＝39,375,000 円
2. この金額に 10% の消費税を加算した結果は、
　　39,375,000 円 ×1.1＝43,312,500 円

したがって、1,125,000 円に 35 を掛けた金額に消費税を加算した総額は 43,312,500 円です。

場合分けの計算を行う場合、それぞれの場合を表にして入力すれば、Chat GPT が計算を行ってくれます。表は、枠線を入れる必要はありません。テキストファイルで貼り付ければ十分です。

　例えば、給与所得控除です。国税庁の Web サイト[3] には以下のような表が掲載されています。これをコピーし、テキスト形式でペースト（貼り付け）しましょう。

---

[3] https://www.nta.go.jp/taxes/shiraberu/taxanswer/shotoku/1410.htm

給与の収入金額（給与所得の源泉徴収票の支払金額）	給与所得控除額
1,625,000円まで	550,000円
1,625,001円から　1,800,000円まで	収入金額 ×40％－100,000円
1,800,001円から　3,600,000円まで	収入金額 ×30％＋　80,000円
3,600,001円から　6,600,000円まで	収入金額 ×20％＋440,000円
6,600,001円から　8,500,000円まで	収入金額 ×10％＋1,100,000円
8,500,001円以上	1,950,000円（上限）

あなた

以下の計算式にしたがって、給与所得控除額を計算します。
給与所得が 500 万円のとき、いくらになりますか。

給与等の収入金額
（給与所得の源泉徴収票の支払金額）　　　給与所得控除額
1,625,000 円まで　550,000 円
1,625,001 円から 1,800,000 円まで　収入金額 ×40％－　100,000 円
1,800,001 円から 3,600,000 円まで　収入金額 ×30％＋　80,000 円
3,600,001 円から 6,600,000 円まで　収入金額 ×20％＋　440,000 円
6,600,001 円から 8,500,000 円まで　収入金額 ×10％＋ 1,100,000 円

8,500,001 円以上 1,950,000 円（上限）

Chat GPT は以下のように回答を出力してくれます。

ChatGPT

給与所得が 500 万円の場合、「3,600,001 円から 6,600,000 円まで」の区分に当てはまります。この区分では、給与所得控除額は収入金額の 20% に 440,000 円を加えた金額になります。給与所得が 5,000,000 円の場合の給与所得控除額を計算します。

1. 給与所得の 20% を計算します：
   5,000,000 円 ×20%=1,000,000 円
2. この結果に 440,000 円を加えます：
   1,000,000 円 +440,000 円
これにより、給与所得控除額が求まります。
給与所得が 500 万円の場合の給与所得控除額は 1,440,000 円となります。

5. FP の問題を解く

　お客様のライフ・プランニングを行っていて、簡単な金融計算を行うときがあります。関数電卓を使って計算するのは面倒ですし、Excel を使うにしても計算式を入力するのも面倒です。そこで、Chat GPT に計算してもらいましょう。

あなた

利率（年率）2% で複利運用しながら、毎年 40 万円を 20 年間にわたって受け取りたいです。必要な原資はいくらですか？

　Chat GPT は以下のように回答を出してくれます。

ChatGPT

利率が年率 2% で、毎年 40 万円を 20 年間にわたって受け取るために必要な原資を計算するには、複利運用を前提とした将来価値の計算式を使用して逆算します。ここで利用するのは、年金の現在価値の公式です。
ここで、

$$PV = P \times \frac{1-(1+r)^{-n}}{r}$$

P は毎年受け取る金額 年金
r は年間の利率
n は受け取る年数

具体的な値を代入して計算します。

P＝400,000 円（40 万円）
R＝0.02（2％）
N＝20 年
この公式に基づき、必要な原資を計算しましょう。

利率 2％ で毎年 40 万円を 20 年間にわたって受け取るために
必要な原資は約 654 万円です。この金額を初期投資として用
意し、複利運用することで、毎年望む額を受け取ることが可
能です。

FP3 級試験の過去問をそのまま解いてもらいます。2018 年 9 月試験
です。

あなた

X 社に勤務する A さん（62 歳）は、専業主婦である妻 B さん
（60 歳）との 2 人暮らしである。A さんは、63 歳から報酬比例
部分のみの特別支給の老齢厚生年金を受給することができる
ことから、40 年間勤務した X 社を退職する予定である。

A さんは、退職にあたり、現在加入している定期保険特約付
終身保険を見直して、医療保障を充実させた保険に加入した
いと考えている。また、公的医療保険制度（現在、A さんは
全国健康保険協会管掌健康保険に加入）についても理解して
おきたいと思っている。

そこで、A さんは、懇意にしているファイナンシャル・プラン
ナーの M さんに相談することにした。

1-4 業務遂行に役立つ使い方

＜Ａさんが加入している生命保険に関する資料＞
保険の種類：定期保険特約付終身保険：（65歳払込満了）
月払保険料（集団扱い）：19,240円
契約者（＝保険料負担者）・被保険者はＡさん／死亡保険金受取人は妻Ｂさん

主契約および特約の内容／保障金額／保険期間
終身保険　100万円　終身
定期保険特約　1,100万円　10年
特定疾病保障定期保険特約　300万円　10年
入院特約　1日目から5,000円　10年
傷害特約　500万円　10年
災害割増特約　500万円　10年
リビング・ニーズ特約
指定代理請求特約

Ｍさんは、生命保険の見直しを検討する前に、現時点の必要保障額を試算することにした。下記の〈算式〉および〈条件〉に基づき、Ａさんが現時点で死亡した場合の必要保障額は、いくらか。

（算式）
必要保障額 ＝ 遺族に必要な生活資金等の総額 － 遺族の収入見込金額

（条件）
１.現在の毎月の日常生活費は30万円であり、Ａさん死亡後の妻Ｂさんの生活費は、現在の日常生活費の50％とする。
２.現時点の妻Ｂさんの平均余命は、29年とする。
３.Ａさんの死亡整理資金（葬儀費用等）は、200万円とする。

第1章 第2章

4. 緊急予備資金は、300万円とする。

5. 住宅ローン（団体信用生命保険加入）の残高は、500万円とする。

6. 金融資産（預貯金等）の金額は、2,000万円とする。

7. Aさん死亡後に妻Bさんが受け取る公的年金等の総額は、5,800万円とする。

8. 現在加入している生命保険の死亡保険金額は考慮しなくてよい。

1-4 業務遂行に役立つ使い方

Chat GPT は以下のように回答を出してくれます。

ChatGPT

Aさんの現時点での必要保障額を計算するために、以下の手順に従って算出します。

計算手順

1. 遺族に必要な生活資金の総額を計算します。これは、妻Bさんの生活費が現在の日常生活費の 50% であることを基に算出します。
   毎月の生活費：300,000 円 ×50%=150,000 円
   年間生活費：150,000 円 ×12=1,800,000 円
   29 年間の生活資金：1,800,000 円 ×29=52,200,000 円
2. 死亡整理資金：2,000,000 円
3. 緊急予備資金：3,000,000 円
4. 住宅ローン残高の負担：5,000,000 円

これらを合計して、妻Bさんの受け取る公的年金等の総額や

85

ChatGPT Plus

金融資産を差し引きます。

合計必要保障額の計算

必要保障額＝遺族に必要な生活資金等の総額 ＋ 死亡整理資金 ＋ 緊急予備資金 ＋ 住宅ローンの残高－妻Ｂさんの金融資産－公的年金等の総額

ここでの計算に基づいて、Ａさんの現時点での必要保障額を試算した結果、マイナス 15,800,000 円となりました。
これは、Ａさんの家庭が金融資産と公的年金を通じて、現在の予測される支出をカバーするには十分な資金を持っていることを示しています。

計算詳細

生活資金総額：52,200,000 円
死亡整理資金：2,000,000 円
緊急予備資金：3,000,000 円
住宅ローン残高：5,000,000 円
金融資産：20,000,000 円
公的年金総額：58,000,000 円

これらの計算により、Ａさんの家庭は既存の資産と予想される年金受給額で、将来の財務ニーズを満たすことができると評価されます。したがって、現在の保険内容を見直し、医療保障を中心にどのように調整すればよいかを検討する際には、これを考慮に入れるとよいでしょう。

残念ながら、この回答は誤っています。なぜなら、団体信用生命保険に加入しているため、死亡すると住宅ローンの返済が不要となるからです。そこで、Chat GPT に以下のような修正の指示を出します。

あなた

団体信用生命保険に加入していたため、住宅ローンは返済不要となります。その場合の必要保障額はいくらでしょうか。

Chat GPT は以下のように回答を出してくれます。

ChatGPT

住宅ローンの返済が不要な場合、A さんの現時点での必要保障額はマイナス 20,800,000 円となります。これは、A さんの家庭が既存の金融資産と公的年金で、将来の財務ニーズをカバーできることを示しています。

したがって、A さんは現在の生命保険を見直し、医療保障などの必要な部分に焦点を絞って保険プランを調整する余地があります。これにより保険料の負担を最適化し、経済的な安定をさらに強化することができるでしょう。

次に、新 NISA 口座で投資信託の積立投資を行うことを想定して、利回り計算を行ってみましょう。

あなた

期待利回り5%の投資信託を対象として運用します。
現在2024年1月1日です。
毎年1月1日に、360万円ずつ5年かけて積立投資するとします。
積立の最終年度から15年後、すなわち、今から20年後にい
くらになっていますか。
ステップバイステップで計算してください。

(単位：万円)

年度	1	2	3	4	5	6	7	8	9	10
年初	0	378	775	1,192	1,629	2,089	2,193	2,303	2,418	2,539
投資	360	360	360	360	360	0	0	0	0	0
年末	378	775	1,192	1,629	2,089	2,193	2,303	2,418	2,539	2,666
年度	11	12	13	14	15	16	17	18	19	20
年初	2,666	2,799	2,939	3,086	3,240	3,402	3,572	3,751	3,939	4,135
投資	0	0	0	0	0	0	0	0	0	0
年末	2,799	2,939	3,086	3,240	3,402	3,572	3,751	3,939	4,135	**4,342**

Chat GPT は以下のように回答を出してくれます。

ChatGPT

この投資シナリオでは、毎年1月1日に360万円を5年間積立て、
その後の15年間で運用を続けます。ここで、年利回りは5%
です。

ステップ1：年利回り

年利5%をそのまま利用します。

ステップ 2：各年の積立投資の将来価値の計算

毎年の積立金額は 360 万円です。各年の積立金額は、その年の 1 月 1 日に投資され、20 年の終わりまで運用されます。各年の投資に対する運用期間は、投資開始年に応じて異なります。

ステップ 3：各年の将来価値の計算

1 年目の投資は 20 年間運用されます。
2 年目の投資は 19 年間運用されます。
3 年目の投資は 18 年間運用されます。
4 年目の投資は 17 年間運用されます。
5 年目の投資は 16 年間運用されます。

ステップ 4：全期間の将来価値の合計

上記の計算を行い、5 年間での各投資の将来価値を合計して、最終的な投資総額を求めます。

まずは各年の運用期間を考慮して将来価値を計算します。
1 年目の投資の将来価値：約 9,551,872 円
2 年目の投資の将来価値：約 9,097,021 円
3 年目の投資の将来価値：約 8,663,829 円
4 年目の投資の将来価値：約 8,251,266 円
5 年目の投資の将来価値：約 7,858,349 円

総合計

今から 20 年後の総投資額は約 43,422,336 円になります。この計算は、毎年の投資がそれぞれ異なる期間運用された結果

を基にしており、長期間の複利の効果を示しています。
この投資シナリオは、定期的な積立投資と長期間の運用がいかに有利かを示しており、積立金額の増加とともに複利の力が大きく作用します。

さらに、老後2千万円問題を解決するため、65歳になった時点で運用残高が2,000万円になるには、いくら積立投資を行えばよいか、逆算してみましょう。

あなた

期待利回り5%の投資信託を対象として運用します。
現在2024年1月1日です。
毎年1月1日に、同額を20年間かけて積立投資するとします。
積立の最終年度から5年後、すなわち、今から25年後に2,000万円の残高になるようにしたいです。毎年いくら投資すればよいでしょうか。ステップバイステップで計算してください。

Chat GPT は以下のように回答を出してくれます。

ChatGPT

今から25年後に2,000万円の残高を目指し、毎年1月1日に20年間同額を積立投資するシナリオにおいて、必要な年間投資額を計算します。
期待利回りは年5%です。

ステップ1：年利回り

年利5%をそのまま利用します。

ステップ2：各年の運用期間の確認

毎年1月1日に投資が行われるため、最初の年の投資は25年間運用されます。次の年の投資は 24 年間運用されます… と続き、最後の年（20年目）の投資は6年間運用されます。

ステップ3：各年の運用期間に基づく係数の計算

各年の運用期間に基づいて将来価値の係数を計算します。

$$係数_n = (1+ 年利回り)^{(25\text{-}n)}$$

ここで n は投資開始からの年数です。

ステップ4：目標到達に必要な年間投資額の計算

目標金額は 2,000 万円で、全ての年の係数の合計に対する年間投資額を求めます。

$$年間投資額 = \frac{目標金額}{\Sigma\ 各年の係数}$$

それでは、各年の係数を計算し、必要な年間投資額を求めます。各年の運用期間に基づく係数は以下のようになります：

1 年目：約 3.386	8 年目：約 2.407	15 年目：約 1.710
2 年目：約 3.225	9 年目：約 2.292	16 年目：約 1.629
3 年目：約 3.072	10 年目：約 2.183	17 年目：約 1.551
4 年目：約 2.925	11 年目：約 2.079	18 年目：約 1.477
5 年目：約 2.786	12 年目：約 1.980	19 年目：約 1.407

6 年目：約 2.653 　　13 年目：約 1.886 　　20 年目：約 1.340
7 年目：約 2.527 　　14 年目：約 1.796

これらの係数の合計は約 44.312 です。

必要な年間投資額

25 年後に 2,000 万円の目標を達成するためには、毎年約451,350 円を投資する必要があります。

この計算により、20 年間毎年同額を投資し、5% の年利回りで運用することで、25 年後に 2,000 万円を達成することができます。
各年の係数は投資期間の長さに基づいており、最初の年の投資が最も長く成長する時間を持つため、最も大きな影響を与えます。

　Excel で検算を行ってみたところ、計算結果は正しい金額となっていました。

（単位：万円）

年度	1	2	3	4	5	6	7	8	9	10
年初	0	47	97	149	204	262	322	386	453	523
投資	45	45	45	45	45	45	45	45	45	45
年末	47	97	149	204	262	322	386	453	523	596
年度	11	12	13	14	15	16	17	18	19	20
年初	596	673	754	839	929	1,023	1,121	1,225	1,333	1,447
投資	45	45	45	45	45	45	45	45	45	45
年末	673	754	839	929	1,023	1,121	1,225	1,333	1,447	1,567
年度	21	22	23	24	25					
年初	1,567	1,645	1,728	1,814	1,905					
投資	0	0	0	0	0					
年末	1,645	1,728	1,814	1,905	**2,000**					

6. 税金の計算を行う

　お客様へ税金の計算方法を説明するメールを書きたいとき、Chat GPT に書いてもらいましょう。

　ただし、税理士または税理士事務所の従業員ではない人が個別の計算を行うと税理士法に違反します。税理士以外の人は、法律で定められた一般的な計算方法だという前提で書きましょう。

あなた

以下の条件にしたがって、以下の内容の計算を行ってください。
（条件）
・ステップバイステップで
（内容）
・譲渡所得＝（譲渡収入－取得費－経費－特別控除）
・譲渡収入は 1 億円
・取得費は、概算取得費 5%
・経費は 500 万円
・相続空き家の 3,000 万円特別控除を適用
・所得税及び住民税は 20.315%

　Chat GPT は以下のように平易な表現を使って計算式を説明してくれます。これに従ってお客様に説明すればよいでしょう。

ChatGPT

各項目の金額を計算します。その後、これらの値を使用して
譲渡所得を計算します。

●譲渡収入
譲渡収入は、1億円です。

●取得費
取得費は、譲渡収入の5％として計算されます。
取得費＝1億円 ×5％

●経費
経費は、500万円です。

●特別控除
相続空き家の特別控除は、3,000万円です。

これらの情報をもとに譲渡所得を計算し、その後で所得税及
び住民税の計算を行います。
計算結果は以下の通りです。

1. 譲渡所得の計算：

●譲渡収入：100,000,000円
●取得費：5,000,000円
●経費：5,000,000円
●特別控除：30,000,000円
●譲渡所得：60,000,000円

2. 所得税及び住民税の計算：

- 譲渡所得に対する税率 20.315％を適用
- 税額：12,189,000 円

したがって、譲渡所得は 60,000,000 円で、この譲渡所得に対する所得税及び住民税は 12,189,000 円です。

7. 相続税シミュレーション

　Chat GPT には「GPTs」と呼ばれるカスタマイズ機能が備わっており、それにより独自の用途に応じた設定が可能です。この機能を活用することで、例えば相続税のシミュレーションを行うことができます。

　例えば、私の会計事務所では、相続税の計算を行うため、以下の**「AI相続税シミュレーション」**を一般公開しています。

　こちらのページを開いてください。

https://chat.openai.com/g/g-r6vTqj9PD-aixiang-sok-shui-simiyuresiyon

例えば、相続人が、妻と弟というケースを想定しましょう。

あなた

相続人は妻と弟です。

Chat GPT から回答があります。

ChatGPT

配偶者と弟がいらっしゃるとのことですね。次のステップとして、遺産の詳細についてお伺いいたします。
まず、課税対象となる遺産の総額を「万円」単位で教えていただけますか？
また、遺産の具体的な内訳についても、お持ちであれば教えてください。具体的な内訳には、例えば不動産、預貯金、証券口座の残高、非上場株式などが含まれます。これにより、適切な評価額を算出することができます。

これ以降は、Chat GPT と会話形式で入力を続けましょう。

あなた

預金 2,000 万円、自宅 3,000 万円、保険 2,000 万円です。

1-4 業務遂行に役立つ使い方

ChatGPT

保険金の非課税枠について計算します。法定相続人は、ご配偶者と弟の 2 名ですので、非課税枠は 500 万円 × 2 名 = 1,000万円となります。これを保険金2,000万円から控除します。

計算結果、保険金の課税対象額は 2,000 万円 − 1,000 万円 = 1,000 万円となります。

そこで、遺産の課税価格合計額を算出しましょう。預金、自宅不動産、保険金の課税対象額を合計します：

- 預金：2,000 万円
- 自宅不動産：3,000 万円
- 課税対象の保険金：1,000 万円

これらを合計すると、課税価格合計額は 6,000 万円になります。

次に、基礎控除の計算を行います。法定相続人は 2 名ですので、次のように計算されます。

基礎控除 ＝（600 万円 × 2 名）＋ 3,000 万円 ＝ 4,200 万円

この基礎控除 4,200 万円を課税価格合計額 6,000 万円から差し引き、課税遺産総額を算出します。

6,000 万円 − 4,200 万円 ＝ 1,800 万円

課税遺産総額は 1,800 万円です。
相続人の法定相続分を計算いたします。法定相続人が配偶者（妻）と弟の 2 名ですので、配偶者の法定相続分は 4 分の 3、

弟の法定相続分は4分の1となります。

各相続人の法定相続分に基づいて計算基礎を算出します。課税遺産総額1,800万円を各相続人の法定相続分で割り当てます。

配偶者の法定相続分：1,800万円 ×3/4 ≒ 1,350万円
弟の法定相続分：1,800万円 ×1/4 ≒ 450万円

これに基づいて各相続人の税率と控除額を選択します。

配偶者（妻）：（1,350万円 ×0.15）－50万円＝152.5万円
弟： 450万円 ×0.1＝45万円

これらを合計すると、相続税総額は 197.5 万円となります。相続税総額は、実際の遺産分割の割合を変えても常に同額となります。

次に、各相続人の実際の遺産分割がどのように行われるかを確認いたします。遺産分割がすでに確定しているか、または遺言書に従って分割が行われる予定かどうかをお聞かせください。

1. 遺産分割が確定している場合、各相続人に分割される割合を教えてください。
2. 遺産分割がまだ確定していない場合、法定相続分に従って計算を進めます。

どちらの状況に該当するか、お知らせください。

あなた

妻 90%、弟 10% で分割します。

ChatGPT

配偶者である奥様に 90%、弟様に 10% の遺産分割がされるとのことですね。遺産の課税価格合計額が 6,000 万円であるため、それぞれの割合に基づいた遺産の課税価格を計算します。

奥様の取得する遺産の課税価格：6,000 万円 ×90% ＝ 5,400 万円
弟様の取得する遺産の課税価格：6,000 万円 ×10% ＝ 600 万円

これにより、各相続人の遺産の課税価格が決定しました。次に、それぞれの相続税額を計算して、特例適用前の税額を出力します。
相続税総額は先ほど算出した 197.5 万円ですが、これを遺産分割の割合に従って各相続人に分配します。

奥様の相続税額：197.5 万円 ×90% ＝ 177.75 万円
弟様の相続税額：197.5 万円 ×10% ＝ 19.75 万円

これにより、各相続人の相続税額が算出されました。奥様の相続税額は 177.75 万円、弟様の相続税額は 19.75 万円です。

次に、配偶者の税額軽減の特例の適用を検討します。特例を適用することにより、奥様の税額をさらに軽減することが可能です。適用しますか？
（以下省略）

8. 財務分析を行う

　四則演算で済む簡単な財務分析であれば、PDFファイルで決算書を読み込ませて、プロンプトを入力すれば、レポートまで作成することができます。私はMoneyforwardクラウドを使用していますが、ここから出力される決算書であれば問題ありません。

　これから財務分析を行おうとする企業の決算書は以下のとおりです。

損益計算書　　　　　　　　　単位：百万円
自2023年1月1日至2023年12月31日

売上高	1,800
売上原価	1,200
売上総利益	600
販売費一般管理費	500
営業利益	100
支払利息	5
経営利益	95
法人税等	29
当期純利益	67

貸借対照表　　　　　　　　　単位：百万円
2023年12月31日現在

【流動資産】		【流動負債】	
現預金	100	営業債務	300
営業債権	350	【固定負債】	
棚卸資産	250	借入金	300
【固定資産】			600
機械設備	500	【純資産】	
【投資等】		資本金	100
投資有価証券	100	利益剰余金	600
合計	1,300		1,300

※ 販売費及び一般管理費の明細には減価償却費は100百万円が計上されている。
※ 簿外の退職給付債務50百万円
※ 投資有価証券の時価150百万円

　PDFファイルをアップロードしたうえで、以下のプロンプトを入力します。

あなた

 決算書.pdf
PDF

あなたは日本の公認会計士です。このPDFファイルの決算書において財務分析を行います。

以下の指標を計算してください。
・収益性の指標として営業利益率
・効率性の指標として総資産回転率
・安全性の指標として自己資本比率
また、減価償却費＋営業利益によって EBITDA を、EBITDA×
5倍によって事業価値を計算してください。

　そこで、Chat GPT にまとめて計算してもらうのです。以下の結果が
出力されます。

ChatGPT

PDF ファイルから抽出した情報に基づき、指定された財務分
析を以下のステップで計算します。

1. 営業利益率（収益性の指標）
営業利益率は、売上高に対する営業利益の割合を示します。
以下の式を使用します。
営業利益率＝（営業利益／売上高）×100

2. 総資産回転率（効率性の指標）
総資産回転率は、売上高が総資産に対してどれだけ効率的に
生成されているかを示します。以下の式を使用します。
総資産回転率＝売上高／総資産

3. 自己資本比率（安全性の指標）
自己資本比率は、総資産に対する自己資本の割合を示し、企
業の財務安定性を測ります。以下の式を使用します。

自己資本比率＝（自己資本／総資産）×100

4. EBITDA の計算
EBITDA は、減価償却費と営業利益の合計で計算します。以下の式を使用します。
EBITDA＝営業利益 + 減価償却費

5. 事業価値の計算
事業価値は、EBITDA の 5 倍で計算されます。
事業価値＝EBITDA×5

これらの計算を実行して、各指標の値を求めます。
以下の結果が得られました。

営業利益率 : 5.56%
総資産回転率 : 1.38
自己資本比率 : 53.85%
EBITDA: 200 百万円
事業価値 : 1,000 百万円

　ここで株式価値評価まで行ってみましょう。EBITDA マルチプル法と年買法による計算です。

あなた

次の計算をステップバイステップで行ってください。
（1）EBITDA マルチプル法による株式価値
・現預金に投資有価証券の時価を加算して、非事業用資産を計算する。
・借入金に退職給付債務を加算して、有利子負債を計算する。

・事業価値に非事業用資産を加算し、有利子負債を減算することで株式価値を計算する。
（2）年買法による株式価値
・投資有価証券の時価から簿価を差し引いて含み益を計算する。
・簿外になっている退職給付債務を確認する。
・純資産合計に含み益を加算し、退職給付債務を減算することで株式価値を計算する。

Chat GPT は以下のように計算を行います。

ChatGPT

（1）EBITDA マルチプル法による株式価値

ステップ1：非事業用資産の計算
現預金と投資有価証券の時価を加算して、非事業用資産を計算します。
非事業用資産の計算結果は、250 百万円です。

ステップ2：有利子負債の計算
借入金に退職給付債務を加算して、有利子負債を計算します。
有利子負債の計算結果は 350 百万円です。

ステップ3：株式価値の計算
事業価値に非事業用資産を加算し、その後に有利子負債を減算して、株式価値を計算します。

EBITDA マルチプル法による株式価値の計算結果は、900 百万

円です。

（2）年買法による株式価値

ステップ１：含み益の計算
投資有価証券の時価から簿価を差し引いて含み益を計算します。含み益の計算結果は 50 百万円です。

ステップ２：株式価値の計算
純資産合計に含み益を加算し、退職給付債務を減算して、株式価値を計算します。
年買法による株式価値の計算結果は、700 百万円です。

Chat GPT の計算結果が出揃いましたが、このままお客様にお見せするわけにはいきません。体裁を整えて、Word ファイルに出力させましょう。

あなた

あなたは重要なクライアントに対して、計算結果を報告します。財務分析の結果とそれに対する指導、株式価値の結果とその向上のためのアドバイスを報告書にまとめて、Word で出力してください。

Chat GPT から以下の回答が得られます。ファイルのリンクがありますので、クリックしてダウンロードします。

> **ChatGPT**
>
> 財務分析の結果とそれに対する指導、株式価値の評価と向上のためのアドバイスを含む報告書を Word ドキュメントとして作成しました。以下のリンクからダウンロードできます：
>
> 財務分析報告書 .docx

Word ファイルを開くと、以下のレポートが作成されていました。

財務分析報告書

財務分析の結果

当社の財務状況を分析した結果、以下の指標が得られました。

- 営業利益率：5.56%
この指標は売上高に対する営業利益の割合を示し、当社の収益性を測定します。

- 総資産回転率：1.38
この指標は売上高が総資産に対してどれだけ効率的に生成されているかを示し、効率性を示します。

- 自己資本比率：53.85%
この指標は総資産に対する自己資本の割合を示し、財務安定性を示します。

収益性を向上させるためには、営業効率の改善とコスト削減

に努めることが必要です。また、資産の有効活用によって総資産回転率を向上させることも重要です。

株式価値の評価

●EBITDA マルチプル法による株式価値：900 百万円

●年買法による株式価値：700 百万円

株式価値を向上させるためには、非事業用資産の効果的な管理と事業戦略の最適化が必要です。また、財務構造の改善により、有利子負債の削減を図ることも効果的です。

1-5 初心者が Chat GPT を なぜ使えないか

　Chat GPT が流行しているのは周知の事実ですが、個人で使用して「なるほど」と感じることはあっても、日常業務に取り入れるまでには至らない人も少なくないでしょう。また、自分の事務所で Chat GPT を導入しても、**従業員が積極的に活用しようとしないという問題**を抱えている方も多いかもしれません。

　この原因は明確です。**Chat GPT を使用すると、キーボードのタイピングの入力文字数が増加して面倒だから**です。Chat GPT など使用せずに、Outlook や Gmail に直接入力してメールを書くほうが、入力すべき文字数が少なくてラクだからです。

　これは、タイピングスピードの遅さに起因します。Chat GPT 導入のハードルを上げているのは、実はタイピングなのです。

　例えば、エンジニアやプログラマーは仕事でコードを書くため、毎日パソコンに向かってキーボードを叩き続けます。同様に、弁護士や公認会計士、銀行の事務職員も、日常業務で多くの文章を入力します。

　しかし、税理士事務所の職員や営業職の方々は、日常的にそれほど多くの文章を書くわけではありません。このため、パソコンの操作が苦手で、タイピングが遅いのです。**Chat GPT を使って文章の草案を作成し、それをコピー＆ペーストして清書するような作業に抵抗を感じるのです。**

　したがって、Chat GPT を本格的に導入する前に、タイピング速度を向上させることが必要です。その手段は、タッチタイピングの習得と、高性能キーボードの購入の2つがあります。いずれも採用すべきでしょう。

1. タッチタイピング

乗り越えるべき課題の一つは、タッチタイピング（ブラインドタッチ）の習得です。これは特に、団塊の世代の60代、営業担当の50代の管理職に多く見られます。人差し指だけで素早くタイピングを行う人もいますが、タッチタイピングと比べると大きく劣ります。

自身でChat GPTを使わず、部下だけに使用させるということも一つの選択肢ですが、全社的にChat GPTをフルに活用することを決意したのであれば、リーダーが自ら使いこなせなくてはいけません。今からタッチタイピングを習得しても決して遅くはありません。これだけで生産性は目に見えて向上するはずです。

タッチタイピングは適切な訓練により習得が可能です。最初は苦痛に感じるかもしれませんが、1ヶ月徹底して練習すれば、一生使えるテクニックを身につけることができます。

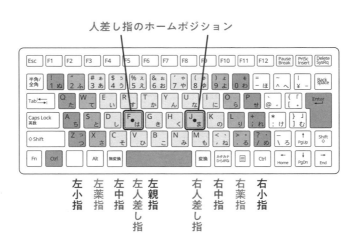

タッチタイピングで最も重要なのは、正しい指でキーを打つことです。
ホームポジションでは、左手の人差し指は【F】キー、右手の人差し指は【J】キーに位置します。【F】キーと【J】キーには突起が付けられ

ていますので、それを触るところからスタートです。この正しい指の位置を確認しながら、タイピングソフトを使って1日30分のタイピング練習を行いましょう。無料で利用できるタイピングソフトも多数存在します。例えば、「イータイピング・マスター」がお勧めです。

イータイピング・マスター
https://web.e-typing.ne.jp/mock/

　また、有料になりますが、市販のタイピングゲームは、遊びながら練習できる便利なツールです。私は「北斗の拳」を使用して練習しましたが、とても楽しかったです。
　重要なのは、速さや文章の中身ではなく、正しい指を使ってキーを打つことです。最初は目でキーを確認しながら打つことになるかもしれませんが、徐々に手元を見ないで打てるようになるでしょう。
　特に注意が必要なのは、エンターキーとバックスペースキーの使用です。特に、**エンターキーは右手の【小指】で叩かなければいけません。**これは上級者でも間違っている方がいますので、再確認しましょう。
　また、漢字変換に多用するスペースキーの叩き方も重要なポイントです。スペースキーは左手の親指でも右手の親指でも操作可能です。私自身は長らく左手の親指を使用していましたが、右手の親指を使うようになってからタイピングスピードが大幅に向上しました。特に、漢字変換後にすぐに確定させる際には、スペースキーを右手の親指で、エンターキーを右手の小指で操作するという連携をとるとスピードが格段に上がりますので、この方法をお勧めします。

2. 高性能キーボード

高性能キーボードの使用により、入力速度は 20% から 30% 向上する可能性があります。初期投資は必要となりますが、生産性向上による残業代削減の効果はそれを上回るため、この投資は不可欠だと考えてください。

まず、モバイル PC の内蔵キーボードを使用している方は、外付けキーボードへ切り替えましょう。有線で接続するのが煩わしいようであれば、Bluetooth の無線で接続するタイプを選べばよいでしょう。

これに加えて、外付けディスプレイを使用し、デュアルディスプレイ環境を整えることも効果的です。

キーボードの購入に際しては、安価なものではなく、1 万円以上の高価なものを選択することを強くお勧めします。高性能なキーボードは価格が高めです。

その際、以下の 3 つの論点があります。メカニカルキーボードの選択、JIS 配列の選択、エルゴノミックキーボードの選択です。

（1）メカニカルキーボードを選ぶか

メカニカルキーボードとは、キーの下にあるスイッチが、キーボードの個々のキーごとに設置されていて、バネで動作するスイッチ機構を持つキーボードのことです。パンタグラフ方式など、一般的なキーボードとは異なる仕組みを持っています。キースイッチには、赤軸、茶軸、青軸などの種類があり、異なる打鍵感や音となります。

様々なメーカーがメカニカルキーボードを販売していますが、中でも **Keychron** の製品がお勧めです。Apple や Microsoft からメカニカルキーボードが販売されていないため、乗り換えようと考えたことすらない方がほとんどでしょう。しかし、一度メカニカルキーボードへの切り替え

を決断すれば、タイピングの快適性やスピードが格段に向上します。

(2) JIS配列を選ぶか英語配列を選ぶか

　JIS配列と英語配列は異なり、最も顕著な違いはエンターキーとバックスペースキーの大きさにあります。アメリカ人は大きなバックスペースキーを好む傾向にあるため、英語配列が好まれます。一方、日本人は大きなエンターキーを好むため、日本で販売されているキーボードはほぼ全てがJIS配列です。また、JIS配列には、「半角／全角」キーや「かな」キーがありますが、英語配列にはありません。

　この点については、日本で使用する場合は、JIS配列が適しています。KeychronからもJIS配列のキーボードが販売されているため、選択肢は豊富です。

　もし海外で販売されているキーボードを購入したい、あるいはKeychronの製品の中でもエルゴノミックキーボードを選択したい場合は、英語配列を選択することになります。

[写真：JIS配列（日本語）]

[写真：英語配列]

（3）エルゴノミックキーボードを導入するか

　エルゴノミックキーボードは人間工学に基づいて設計されており、長時間にわたるタイピング作業でも疲労を軽減し、手と腕の負担を最小限に留めることができます。扇形に近い形状でキーが配置されており、手が自然な位置に置かれるよう設計されています。

　エルゴノミックキーボードによってタイピングが速くなるというわけではありません。しかし、長時間労働による肩コリにお悩みであれば、これに切り替えることで解消される可能性があります。

　慣れるまで苦労されるかもしれませんが、一度使い始めるとその利点により戻れなくなる人も多いようです。

　相続専門の税理士である私のデスクをご覧ください。会社員時代には「エクセル職人」「パワポ職人」と称されるほど、資料作成の速さには自信がありました。その頃は、大量の提案書や財務モデルを作成していました。

　現在のデスク環境では、ディスプレイを4枚使用しており、その配置は縦2枚と横2枚（上下）です。このため、NVIDIAの高性能ディスプレイボードを使用しています。Chat GPTは常にディプレイの1枚を使って開いています。

　キーボードにはエルゴノミックタイプを採用しています。写真にはMicrosoft Natural Keyboardが写っていますが、今年からKeychronのQ13 ProとFakerのAlice98を併用しています。いずれもAliceレイアウト、Bluetoothのワイヤレス接続、英語配列のメカニカルキーボードです。

　キースイッチには「バナナ軸」を導入してみましたが、個人的には打鍵感の強い青軸が好みです。英語配列ですが、PC設定はJIS配列にしており、WindowsのPower Toysアプリを利用して「全角／半角」「かな」キーなど不足するキーをカスタム設定しています。

【写真：上が Keychron Q13、下が Faker Alice98】

　そして、パソコンがあるにもかかわらず、電卓は私にとって欠かせないツールです。決算書を読む際には、単純な四則演算が必要になりますが、電卓を叩くほうがパソコンよりも速く計算することができるからです。本書では Chat GPT を用いた計算方法も紹介していますが、いずれ電卓を使わない時代が来ることでしょう。

　余談ですが、電卓にはCASIO派とSHARP派が分かれます。私はCASIO派です。CASIOとSHARPの主な違いは、【0】キーと【00】キーの配列にあります。私は【1】の直下に【0】キーが配置されているCASIOの配列に慣れており、SHARPの配列は使いませんでした。しかし、最近では両社が相手側の配列を採用した新しい機種を販売しており、今ではどちらのメーカーでも従来のCASIO配列を選択できるようになりました。最近のCASIOの計算機では、従来のSHARP配列を採用している機種のほうが多いような気がします。

　なお、公認会計士や税理士の業界では電卓の左打ちが主流ですが、私は受験生時代から右打ちを続けています。ペンを親指ではさみながら、人差し指、中指、薬指の3本で打つのです。これであれば、左手が空くため、左手は大量の問題用紙をめくることに専念させることができます。

第2章
Chat GPTで本を書いてみよう

全体構成を考える

最初に構成を考えましょう。Chat GPT に章立てを作ってもらいます。

あなた

あなたは一流の書籍編集者です。
以下の条件にしたがって、「相続」に関する本の構成と章立て
を出力してください。
（条件）
・初心者向けにわかりやすく書く
・相続手続き、相続税申告、相続生前対策について書く

このプロンプトを入れると以下の構成案が出力されました。

ChatGPT

第1章 相続に関する基本的知識
I　　　相続とは何か
II　　　相続手続きの基本的な流れ
III　　　遺言書と相続の関係
IV　　　相続人と遺産分割
V　　　遺留分

第2章 相続発生直後の手続き
I　　　相続発生時の基本的な手続き
II　　　戸籍謄本の取得による相続人の確定
III　　　財産目録の作成
IV　　　遺産分割協議書の作成
V　　　準確定申告と相続税申告

VI	不動産の相続登記
VII	預貯金や証券口座の解約または名義変更
VIII	死亡保険金の受け取り

第3章 相続税申告の手続き

I	相続税の基礎知識
II	相続税申告の必要書類
III	相続税の課税対象と財産評価
IV	相続税の計算
V	小規模宅地等の特例の適用
VI	配偶者の税額軽減の適用
VII	税額控除
VIII	申告と納税

第4章 相続生前対策と財産管理

I	相続生前対策の必要性とメリット
II	遺言書の作成
III	贈与と贈与税
IV	資産管理と認知症対策
V	生命保険による遺産分割対策
VI	不動産による相続税対策
VII	民事信託の活用

次に、この構成案の内容をさらに深掘りしてみることとします。Chat GPT に各章ごとに小見出しを付け、その内容を作成させました。第1章から第4章まで4回入力と出力を繰り返すことになります。

あなた

以下の内容の章の小見出しを作成し、構成案を出力してください。
（内容）
II　　相続手続きの基本的な流れ

このプロンプトを入れると以下の構成案が出力されました。

ChatGPT

II　　相続手続きの基本的な流れ
【1】戸籍謄本の取得と相続人の確定
【2】財産目録の作成
【3】遺産分割協議書の作成
【4】相続税申告と準確定申告
【5】不動産の相続登記
【6】預貯金や証券口座の処理
【7】死亡保険金の受け取り

　このように一つずつ小見出しを作成していき、構成案の全体を埋めていきます。そうすると、次のような目次が完成しました。

ChatGPT

第1章 相続に関する基本的知識

I　　相続とは何か

II　相続手続きの基本的な流れ
【1】戸籍謄本の取得と相続人の確定
【2】財産目録の作成
【3】遺産分割協議書の作成
【4】相続税申告と準確定申告
【5】不動産の相続登記
【6】預貯金や証券口座の処理
【7】死亡保険金の受け取り

III　遺言書と相続の関係
【1】遺言書の役割と要件
【2】遺言書の効力と有効性
【3】遺言書の内容と相続財産への影響
【4】遺言書の存否と相続人の権利
【5】遺言書と遺留分の関係

IV　相続人と遺産分割
【1】相続人と法定相続順位について
【2】相続人と法定相続順位について
【3】遺留分について

V　遺留分
【1】遺留分の計算方法
【2】遺留分の支払いと遺産分割の影響

第2章 相続発生直後の手続き

I　相続発生時の基本的な手続き
【1】戸籍謄本の取得による相続人の確定
【2】財産目録の作成
【3】遺産分割協議書の作成

II　　戸籍謄本の取得による相続人の確定
【1】戸籍謄本の取得手続き
【2】法定相続情報一覧図
【3】戸籍謄本の内容確認

III　　財産目録の作成
【1】財産目録の必要性
【2】財産目録の内容
【3】財産目録の作成方法
【4】財産目録の必要性

IV　　遺産分割協議書の作成

V　　準確定申告と相続税申告
【1】準確定申告の概要
【2】相続税申告の概要

VI　　不動産の相続登記

VII　預貯金や証券口座の解約または名義変更

VIII　死亡保険金の受け取り
【1】死亡の届け出と受取人の申請
【2】必要書類の提出
【3】受取人の確認と相続人の権利
【4】死亡保険金の税金

第3章 相続税申告の手続き

I　　　相続税の基礎知識

【1】相続申告の手続き
【2】財産評価
【3】相続税の税率と控除

II　相続税申告の必要書類
【1】相続人の戸籍謄本と住民票の写し
【2】財産目録
【3】相続財産の評価明細書
【4】遺言書または遺産分割協議書

III　相続税の課税対象と財産評価
【1】相続税の課税対象
【2】財産評価の基準
【3】不動産の評価方法
【4】有価証券の評価方法
【5】預貯金の評価方法
【6】非上場株式の評価方法

IV　相続税の計算
【1】財産の評価額の合算
【2】基礎控除額の計算
【3】課税財産の金額の決定
【4】税率の適用と相続税の計算
【5】申告書の提出と納税期限

V　小規模宅地等の特例の適用
【1】特定居住用宅地
【2】特定事業用宅地
【3】特定同族会社事業用宅地
【4】賃貸事業用宅地

【５】特例の申請手続きと提出書類

VI　配偶者の税額軽減の適用

VII　税額控除

VIII　申告と納税
【１】相続税申告書の提出期限
【２】相続税申告書の提出方法と場所
【３】納税先と納税方法
【４】相続税の延納と物納制度

第４章 相続生前対策と財産管理

I　相続生前対策の必要性とメリット

II　遺言書の作成
【１】遺言執行者の指定
【２】遺言書の保管と管理
【３】遺言書の修正や取り消し
【４】遺言書の公開と開示

III　贈与と贈与税
【１】贈与税の対象となる贈与の定義
【２】贈与税の計算方法
【３】贈与税の非課税控除
【４】贈与税の申告と納税

IV　資産管理と認知症対策
【１】認知症リスクの評価と早期対策
【２】財産管理委任契約の締結

【3】財産の整理と管理
【4】高リスクな金融取引の制限
【5】適切な保険の選択

V　生命保険による遺産分割対策
【1】生命保険の受取人の選定と相続税の影響
【2】生命保険と遺産分割
【3】生命保険の選択と設計

VI　不動産による相続税対策
【1】不動産の贈与と贈与税
【2】不動産の信託活用
【3】不動産の有効活用と事前対策

VII　民事信託の活用
【1】民事信託の基本原則と構造
【2】民事信託のメリット
【3】契約締結と信託財産の移転
【4】信託解除と信託財産の返還
【5】高齢者の資産管理

　あとは、それぞれの小見出しごとに Chat GPT に文章を書いてもらいます。最初は 400 文字と指定して出力させますが、その結果、わかりづらい場合は、文字数を多めにして丁寧に書き直してもらいます。また、冗長な表現となった場合は、文字数を少なめにして簡潔にしてもらいます。

　その結果、完成したのが次の原稿でした。

書籍化イメージ

000

第 1 章

相続に関する
基本的知識

　この章では、相続に関する基本的な知識について解説します。相続とは何か、相続手続きの基本的な流れ、遺言書と相続の関係、相続人と遺産分割について詳しく説明します。相続に関する基礎知識を習得し、スムーズな相続手続きを進めるための基盤を築きましょう。

I 相続とは何か

　相続とは、被相続人の死亡により、その財産や権利が他の人々に引き継がれる過程を指します。法的な手続きや規定に基づいて行われる重要なプロセスです。相続は、家族や関係者にとって重要な問題であり、遺産や財産の引き継ぎや遺言の執行によって、財産の維持や家族の生活の安定を図ることができます。

　相続は、遺産や財産の引き継ぎや遺言の執行などが相続手続きの一環として行われます。相続人は、被相続人の遺産や財産を受け継ぐ権利を有し、相続手続きを通じてその権利を行使します。

　相続の目的は、被相続人の財産や権利を適切に引き継ぐことです。遺産や財産の保護や継承を確保し、相続人の権利を守ることが求められます。相続手続きにおいては、遺産分割や遺留分の考慮など、公正な取り扱いが重要です。

　相続は家族や関係者にとって重要な問題です。遺産や財産の引き継ぎや遺言の執行によって、財産の維持や家族の生活の安定を図ることができます。相続手続きを適切に行うことは、争いやトラブルを避けるためにも重要です。遺産分割や相続税の申告など、相続に関連する手続きや問題には専門知識と的確な判断が必要です。

II 相続手続きの基本的な流れ

　相続が発生した場合、適切な手続きを行うことが重要です。相続手続きは、被相続人の財産を適切に引き継ぐために必要な手続きの総称です。以下では、相続手続きの基本的な流れについて説明します。

【1】戸籍謄本の取得と相続人の確定

　まず、相続人を確定するために戸籍謄本の取得が必要です。戸籍謄本は、被相続人および相続人の戸籍情報が記載された公的な書類です。相続人の確定には、被相続人の配偶者、子ども、父母、兄弟姉妹などの身分関係が重要となります。戸籍謄本を取得し、相続人の身分を正確に確認することが必要です。

　相続が発生したとき、戸籍謄本の取得と相続人の確定が行われます。相続人を確定させるためには、被相続人の出生から死亡まで連続した戸籍謄本が必要です。市区町村役場の窓口で「相続に使用するため出生から死亡までの戸籍謄本が必要です」と申し出れば取得できます。

　戸籍謄本をもとに、故人の家族関係を読み解き、誰が相続人になるかを確定させます。主に、認知した子供、前妻（前夫）の子供、養子を含めて子供が何人いるかを確認します。離婚した場合でも子供との法的な親子関係は続いていることに注意が必要です。

【2】財産目録の作成

　次に、相続財産の確定のために財産目録の作成が行われます。財

産目録とは、亡くなった被相続人が所有していた財産を一覧表の形式で整理したものです。財産目録は法律上の作成義務があるものではありませんが、遺言書作成の際に利用されたり、相続開始後（被相続人の死亡後）の遺産分割協議の際に、話し合いのときに利用されたりします。

　財産目録には、不動産、預貯金、証券口座、自動車、貴重品などの詳細な情報が記載されます。相続財産の正確な把握は、遺産分割や相続税申告において重要な役割を果たします。財産目録を作成することで、相続人間の「争続」が長期化してしまったり、協議書などを作成した後で、遺産分割していない相続財産（遺産）が発見されたりしないようにすることができます。

【3】 遺産分割協議書の作成

　遺産分割を円滑に進めるためには、相続人間での協議が必要です。遺産分割協議書は、相続人が合意した遺産分割の内容を明確に記載した文書です。遺言書がない場合、相続人たちは遺産の分け方を話し合う遺産分割協議を行います。その協議で合意した結果をまとめた書類が遺産分割協議書です。

　遺産分割協議書には相続人の合意や遺留分の考慮、分割の方法などが含まれます。遺産分割協議書の作成には、相続人間の円満な合意形成が重要となります。

　遺産分割協議書の作成には期限がありませんが、相続税の申告期限が「相続開始を知った日の翌日から10か月以内」と定められています。相続税の申告期限までには遺産分割協議を作成しなければいけません。

【4】 相続税申告と準確定申告

　相続発生後、被相続人に所得税が課税される場合があります。この際、準確定申告が行われます。準確定申告とは、確定申告の必要がある人が亡くなったとき、相続人が本人（被相続人）に代わって確定申告を行うことを指します。準確定申告の対象となる期間は、1月1日から本人の亡くなった日までの期間となります。申告の期限は、相続があったことを知った日の翌日から4か月以内です。

　準確定申告書には、各相続人等の氏名、住所、被相続人との続柄などを記入した準確定申告書の付表を添付し、被相続人の死亡当時の納税地の税務署長に提出します。

　相続税は、被相続人が死亡したことにより、その財産が相続人に移転する際に課される税金です。相続税の申告は、被相続人が死亡したことを知った日（通常の場合は、被相続人の死亡の日）の翌日から10か月以内に行うことになっています。例えば、1月6日に死亡した場合にはその年の11月6日が申告期限になります。

　相続税申告では、被相続人が所有していた財産（不動産、預貯金、株式など）を評価し、その合計額から法定相続分や遺留分などを差し引いた額（課税遺産）に対して課税されます。その後、相続税申告書を提出し、実際の相続税額を計算します。

【5】 不動産の相続登記

　相続によって所有権が移転する不動産については、相続登記が必要です。相続登記とは、亡くなった被相続人の名義から相続した人の名義に変更することを指します。相続登記により、相続人の所有

権が法的に確定されます。登記手続きには、相続人の協力や必要な
書類の提出が必要となります。

2024年4月から、相続登記の申請が義務化されます。これまで
は相続登記をしなくても、特に問題になることはありませんでした
が、義務化されることで、相続登記を行わない場合には罰則が科せ
られる可能性があります。

【6】 預貯金や証券口座の処理

相続人は、相続財産である預貯金口座や証券口座の解約手続きや
名義変更手続きを適切に行う必要があります。金融機関との連絡や
手続きには注意が必要です。

預貯金は、名義変更か解約のどちらも可能ですが、有価証券は原
則として相続人の口座に移し替えるのみとなります。そのため、相
続人の口座がない場合は口座開設が必要です。

また、「仮払い請求」という制度があります。これは、相続人全
員の同意や遺産分割協議書がなくても一定の限度額までであれば、
預貯金の口座が凍結中に仮払いとして預貯金を引き出せるようにな
る制度です。

【7】 死亡保険金の受取り

相続人は、被相続人が保険に加入していた場合には、死亡保険金
の受け取り手続きを行う必要があります。保険会社との連絡や必要
な手続きを適切に行い、死亡保険金を受け取ることができます。

被相続人の死亡によって取得した生命保険金や損害保険金で、そ
の保険料の全部または一部を被相続人が負担していたものは、相続

税の課税対象となります。この死亡保険金の受取人が相続人（相続を放棄した人や相続権を失った人は含まれません）である場合、すべての相続人が受け取った保険金の合計額が次の算式によって計算した非課税限度額を超えるとき、その超える部分が相続税の課税対象になります。

500万円 × 法定相続人の数 ＝ 非課税限度額

III　遺言書と相続の関係

　遺言書は相続において重要な役割を果たします。以下では、遺言書と相続の関係について詳しく説明します。

【1】遺言書の役割と要件

　遺言書は、被相続人が自身の死後に遺したい意思を表明する文書です。遺言書には財産の分割や特定の遺産の処分などが記載され、相続人たちの権利や責任を明確化します。遺言書は被相続人の意思を尊重し、相続手続きを円滑に進める上で重要な役割を果たします。

　遺言書を作成するためにはいくつかの要件があります。まず、成年であることが必要です。また、自己の意思を明確に表明することができる状態であることも重要です。遺言書は公正証書や私文書の形式で作成されることが一般的です。遺言書の作成要件を遵守することで、遺言書の効力と有効性が保証されます。

【2】遺言書の効力と有効性

　遺言書は遺言者の死後に効力を発揮します。遺言書が適切に作成され、適法な手続きを経ていれば、遺言書の内容は有効とされます。相続人たちは遺言書の内容に従い、遺産の処分や財産の分割を行う義務が生じます。ただし、遺言書が無効とされる場合もあります。例えば、遺言書が強制されたものであったり、遺言者の意思表示が不明瞭であったりする場合には、遺言書の効力が否定されることが

あります。

　遺言書が無効になる場合は主に6つあります。方式に不備がある場合、内容が不明確な場合、内容が公序良俗に違反している場合、認知症など遺言能力がない状態で作成された場合、錯誤、詐欺、強迫により遺言がなされた場合、偽造された場合です。

【3】遺言書の内容と相続財産への影響

　遺言書の内容は相続財産に影響を与えます。遺言書に記載された遺産の処分や分割方法が実施されることになります。遺言書の内容によっては、相続人たちの権利や財産の取得割合が変わることもあります。遺言書の内容と相続財産の関係を適切に把握し、遺言書に基づいた相続手続きを行うことが重要です。

【4】遺言書の存否と相続人の権利

　遺言書の有無は相続人の権利にも影響を与えます。遺言書が存在する場合、その内容に従って相続財産の分割が行われます。遺言書が存在しない場合は、法定相続人による相続分割が行われることになります。遺言書の有無は相続人の権利を直接に関わる重要な要素となります。

【5】遺言書と遺留分の関係

　遺留分とは、法定相続分を下回る相続人に対する最低限の権利です。遺留分は遺言書の内容に関係なく、法律に基づいて保護されます。遺留分の取得権は兄弟姉妹を除く法定相続人に与えられ、遺言書による相続分割から独立して考慮されます。

遺留分は、その割合も民法で決められています。一人ひとりの遺留分割合を算定するには、2段階の計算が必要です。まず、相続財産の総額のうち、次の割合を算出します。相続人が直系尊属のみである場合：1/3 それ以外の場合：1/2 これにより、遺産全体に対して「遺留分権利者全体」が持つ遺留分割合を算出します。これを「総体的遺留分」といいます。次に、遺留分権利者が複数人いる場合に、総体的遺留分に対して法定相続分を乗じることで、個人の遺留分割合を算出します。これを個別的遺留分といいます。

IV　相続人と遺産分割

【1】相続人と法定相続順位について

　相続人とは、被相続人の財産を相続する権利を有する人々のことを指します。相続人は、被相続人との特定の身分関係によって定まります。相続人の範囲には、配偶者、子ども、親、兄弟姉妹などが含まれます。

　法定相続人には、以下のような順位が存在します。

　配偶者は常に第一順位の法定相続人とされます。

　子ども：子どもが第一順位の法定相続人となります。子どもたちは、平等に相続財産を分割します。

　父母：配偶者や子どもがいない場合、父母が第二順位の法定相続人となります。

　兄弟姉妹：子ども、父母がいない場合、兄弟姉妹が第三順位の法定相続人となります。

　代襲相続人は、法定相続人が相続を放棄したり亡くなったりした場合に相続権を持つ人を指します。代襲相続は、本来の相続人が死亡等の理由で相続権を失っている場合に、相続人に代わってその子どもが相続の権利を引き継ぐことを言います。

　代襲相続人は、法定相続人の身分関係に基づいて定まります。ただし、相続放棄すると、その人は最初から相続人とならなかったものとみなされるため、その人の子供（孫）による代襲相続は発生しません。

【2】相続人と法定相続順位について

　遺産分割は、相続財産を相続人の間で分ける手続きです。

　遺産分割の目的は、相続人間の財産を公平かつ適切に分割することです。一般的には、相続人間で協議を行い、遺産分割協議書を作成します。遺産分割協議書には、相続人の合意や財産の分割方法、遺留分の配慮などが明記されます。

　遺産分割の方法と手続きは、相続人の数や財産の性質によって異なります。相続人間での合意が得られない場合や特別な事情がある場合には、家庭裁判所による遺産分割手続きが行われることもあります。

　遺産分割の手続きには、財産目録の作成や財産評価、遺産分割協議書の提出、登記手続きなどが含まれます。　遺産分割協議書は、相続人間の合意を明確にする重要な文書です。協議書には相続人の合意や遺留分の配慮、分割の方法などが記載されます。遺産分割協議書は、相続人間の円満な合意形成と遺産分割の公正さを確保するために重要な役割を果たします。

【3】遺留分について

　遺留分とは、被相続人の一定の相続分を保護する制度です。遺留分は、法定相続人が遺言書によって相続分を制限された場合に保護されます。遺留分は、相続人の権利として法的に保護されており、相続財産の適切な分配を促進します。

Ⅴ 遺留分

　遺留分は、相続人の中でも特定の法定相続分に制約を受ける相続人に与えられる一定の権利です。遺留分は、被相続人の意思によって制約されることなく、その相続財産の一部を保護する役割を果たします。

【1】遺留分の計算方法

　遺留分は、相続財産の価値に基づいて計算されます。通常、遺留分は相続財産の半分に相当する金額とされますが、特定の状況や法律によって異なる計算方法が適用される場合もあります。

　相続財産が増加した場合、遺留分の金額も相応に増加します。また、相続財産が債務や負債で減少した場合でも、遺留分は保護されるため、その相続財産の範囲内で支払われます。

　遺留分の計算方法は、基礎財産（相続財産）と総体的遺留分（相続財産に占める遺留分全体の割合）を元に、遺留分権利者である法定相続人の個別的な取り分を求めるという方法でなされますが、基礎財産の算定がやや難しいため注意が必要です。

【2】遺留分の支払いと遺産分割の影響

　遺留分は、遺産分割の際に考慮されるものです。遺留分の金額が決定した後、遺産分割によって相続財産が分割されますが、遺留分を保護するために適切な配慮が必要です。遺留分を受け取る相続人に対して適切な支払いが行われることで、遺産分割を円滑に進める

ことが重要です。

第2章

相続発生直後の手続き

　この章では、相続が発生した直後に行うべき手続きに焦点を当てています。相続発生時の基本的な手続きや戸籍謄本の取得、財産目録の作成、遺産分割協議書の作成、相続税申告など、相続発生直後に必要な手続きや注意すべきポイントを解説します。

I　相続発生時の基本的な手続き

【1】 戸籍謄本の取得による相続人の確定

　相続人を確定するためには、戸籍謄本の取得が必要です。相続において重要なプロセスの一つに、相続人の確定があります。これは、遺産を誰が相続するかを正確に特定するための必要不可欠なステップです。そのために必要な手段が戸籍謄本の取得です。戸籍謄本には、被相続人および相続人の戸籍情報が記載されており、相続人の身分関係を確認するために使用されます。

　戸籍謄本は公的な記録であり、被相続人と潜在的な相続人との間の法的な関係を明確にするものです。具体的には、戸籍謄本には、被相続人および相続人の戸籍情報が詳細に記載されています。これには、名前、生年月日、配偶者の有無、子供の数と名前、そして家族の死亡日や移動などの重要な出来事が含まれます。

　戸籍謄本の情報は、法定相続人を特定し、その相続額を確定する上で重要となります。なぜなら、法定相続人やその相続分は、被相続人との法的な関係性に基づいて定められるためです。例えば、配偶者や子供、親や兄弟姉妹といった親族が法定相続人となり得ます。

　また、相続人の確定は、遺産の分割や遺留分の算出、相続税の計算など、相続手続き全体の流れを円滑に進めるためにも必要となります。正確な相続人の特定ができなければ、適切な相続手続きを進めることが困難となり、混乱や紛争を招く可能性があります。

【2】財産目録の作成

　相続手続きの中でも重要なステップの一つに、相続財産の詳細な把握が求められます。このプロセスは財産目録の作成によって行われ、被相続人が残した全ての財産の状況を明らかにする役割を果たします。

　財産目録とは、被相続人が所有していた財産の詳細なリストで、不動産、預金、証券口座、自動車、貴重品などの財産の詳細が記載されます。各項目は、種類や数、場所、価値といった具体的な情報を含みます。財産目録の作成は法的な義務であるだけでなく、相続財産の適切な分配や相続税の計算、また遺留分の保護などにも必要不可欠なステップです。

　財産目録の作成は、多くの場合、被相続人の死後すぐに始まります。はじめに、被相続人が所有していた全ての財産を列挙します。これには、不動産、銀行口座、証券、保険金、貴金属、車、家具、絵画、宝石などの財産が含まれます。次に、各財産の価値を評価します。不動産の場合は、公示地価や不動産鑑定士による評価が参考になるでしょう。金融資産の場合は、預金残高や証券の市場価値を確認します。これらの情報を元に財産目録を作成し、その後の遺産分割や相続税の計算、遺留分の設定などに活用します。

　また、最新の情報によれば、デジタル資産も重要な相続財産として扱われるケースが増えています。このようなデジタル資産も財産目録に含めることが推奨されています。

【3】 遺産分割協議書の作成

　相続人間での、遺産分割協議は、遺産分割の適正化と円滑化のために行われる重要なプロセスです。遺産分割協議を通じて、相続人全員が相続財産について理解を深め、公正な分割方法について合意を形成することが目指されます。ここでの協議成果は、遺産分割協議書という形で具体化されます。

　遺産分割協議書は、相続人間の合意を形式化した文書で、相続財産の公平な分割を保証するための基本となります。この協議書には、以下の情報が明記されます：

相続人の一覧とその続柄
相続財産の詳細
遺留分の設定とそれに基づく配分
相続財産の具体的な分割方法
各相続人の承諾の表明

　遺産分割協議書は、適正な遺産分割を図るだけでなく、将来的な相続トラブルを防ぐ手段ともなります。各相続人がどの財産を相続するかを明示することで、後の誤解や紛争を未然に防ぐことが可能です。

　また、遺産分割協議書の作成にあたっては、遺留分の確保も重要な考慮点となります。遺留分とは、特定の相続人が最低限受け取るべき遺産の割合を法律で定めたものです。遺留分の保護を通じて、社会的弱者の生活保護や家族の絆の維持を目指します。

II 戸籍謄本の取得による
　　相続人の確定

【1】戸籍謄本の取得手続き

　相続の初期段階で必要となるのが、被相続人や相続人の戸籍情報を確認するための戸籍謄本の取得です。これは、相続人を正確に把握し、適正な遺産分割を実現するための必要な手続きとなります。

　戸籍謄本を取得するためには、通常、被相続人が最後に住民登録を行っていた市町村役場や区役所に申請を行います。申請時には、所定の申請書に必要事項を記入し、手数料を支払う必要があります。さらに、申請者が直系血族であることを証明するための書類が求められる場合があります。

　戸籍謄本には、被相続人の戸籍情報が詳細に記載されており、その人物の生年月日、親族関係、配偶者の有無、子供の有無などが確認できます。これにより、法定相続人が誰であるかを明確にすることが可能です。

　また、相続人の情報だけでなく、被相続人が生前にどのような法的な変更を経験したかも把握するためには、改製原戸籍の取得も必要となることがあります。改製原戸籍は、戸籍の内容が変更された場合に作成される補足書類で、名前の変更や離婚、再婚などの情報を含んでいます。

　さらに、相続人が過去に亡くなっている場合には、その人物の情報を確認するための除籍謄本が必要になることもあります。除籍謄本には、戸籍から削除された人物の情報が記載されています。

これらの戸籍関連書類を取得することにより、被相続人と相続人の詳細な関係性を理解し、相続人の確定や遺産分割を適正に行うための基盤を整えることが可能になります。

【2】法定相続情報一覧図

　法定相続情報一覧図は、相続人の順位や身分関係をわかりやすく示した図表です。通常は戸籍謄本の取得時に提供されることがあります。この図表を確認することで、被相続人の配偶者、子ども、父母、兄弟姉妹などの相続人の順位や関係を把握することができます。

　法定相続情報一覧図は、登記所に戸除籍謄本等の束を提出し、併せて相続関係を一覧に表した図を出していただければ、登記官がその一覧図に認証文を付した写しを無料で交付します。

【3】戸籍謄本の内容確認

　取得した戸籍謄本には、被相続人や相続人の氏名、生年月日、住所、配偶者の情報などが記載されています。これらの情報を確認することで、相続人の身分や関係を正確に把握することができます。特に配偶者や子どもの有無、父母の存命状況などが相続分の計算や遺産分割の際に重要な要素となります。

　戸籍謄本を通じて相続人の身分関係を確認することが重要です。被相続人の配偶者や子ども、父母、兄弟姉妹などの身分関係が相続分の割合や遺産分割に影響を与える場合があります。戸籍謄本の内容を正確に確認し、相続人の身分関係を把握することで、相続手続きを適切に進めることができます。

Ⅲ 財産目録の作成

　財産目録の目的は、相続財産を明確に把握し、適切な遺産分割や相続手続きを行うための基礎情報を提供することです。財産目録は、相続財産の種類や価値、所有者などの詳細な情報を一覧化することで、相続人や関係者が遺産の状況を把握し、公平な遺産分割を行うための基準となります。

【1】財産目録の必要性

　財産目録の作成は、相続手続きにおいて非常に重要です。相続財産は不動産、預貯金、有価証券、車両、貴重品など多岐にわたるため、それらを適切に把握することは困難です。しかし、財産目録を作成することで、相続財産の正確な価値や内容を把握することができます。これにより、遺産分割や相続税申告などの手続きをスムーズに進めることができます。

【2】財産目録の内容

　財産目録には、以下のような情報が含まれます。

　財産の種類：不動産、預貯金、有価証券、車両、貴重品などの具体的な財産の種類を明示します。

　財産の詳細：各財産の詳細情報や特徴を記載します。例えば、不動産の場合は所在地や面積、預貯金の場合は口座番号や金額などが含まれます。

　財産の評価額：各財産の評価額を算定し、記載します。財産の評

価は、相続税申告や遺産分割において重要な要素です。

財産の所有者：各財産の所有者を明示します。所有者が被相続人である場合はその旨を明記します。

その他の情報：財産に関連する重要な情報や特記事項を追加します。

財産目録の作成方法

財産目録の作成方法は以下の手順で行います。

財産の洗い出し：相続財産を全て洗い出し、種類ごとにグループ分けします。

評価額の算定：各財産の評価額を算定します。不動産の場合は不動産鑑定士による評価や市場価格を参考にし、預貯金や有価証券の場合は最新の評価額を確認します。

財産の詳細情報の記載：各財産の詳細情報を記載します。所在地、所有者、口座番号などの情報を正確に記入します。

相続人の関係性の明示：財産と相続人の関係性を明示します。配偶者、子供、親族などの関係性を示し、相続人の身分を確定します。

【3】財産目録の必要性

財産目録は、相続手続きにおいて重要な役割を果たします。正確かつ詳細な財産目録の作成は、遺産分割や相続税申告において公平さと透明性を確保するために必要です。適切な財産目録の作成により、相続人や関係者は相続財産の状況を把握し、公正な遺産分割を行うことができます。また、相続税申告においても正確な財産評価が求められるため、財産目録は重要な根拠となります。

さらに、財産目録は遺言の執行や遺産管理の際にも活用されます。相続人や執行者は、財産目録を参考に遺産の管理や処理を適切に行うことができます。

　遺留分との関係では、財産目録は相続人に対する遺留分の計算や分配においても重要な役割を果たします。遺留分は法定相続人に対して一定の割合で保護される相続分であり、財産目録によって相続財産の状況を明確に把握し、遺留分の計算と分配を適切に行うことが求められます。

Ⅳ　遺産分割協議書の作成

　遺産分割協議書の目的は、相続人間での遺産の分割に関する合意を明確にすることです。

　遺産分割協議書には、相続人間の合意形成と円満な遺産分割が求められます。協議書を作成することによって、相続人間の意思確認ができるだけでなく、紛争を未然に防ぎ、分割に関する事項を明確にすることができます。

　遺産分割協議書には、以下のような内容が含まれます。

　まず、相続財産の種類や評価額、債務の有無など、分割の対象となる財産に関する具体的な情報が記載されます。また、相続人ごとの取得割合や受け取る財産の明細が明示されます。さらに、分割方法や手続きなど、分割に関する合意事項も含まれます。

　遺産分割協議書の作成には、相続人全員の合意が必要です。相続人は、分割に関する協議を行い、互いの要望や権利を尊重しながら協議書の内容を決定します。協議の過程では、法律専門家のアドバイスを受けることも重要です。

　遺産分割協議書の作成手続きは、以下のように進められます。

　まず、相続人が協議を行い、分割の内容や条件について合意します。次に、合意内容を書面にまとめ、遺産分割協議書を作成します。協議書には、全ての相続人の署名や捺印が必要です。そうして協議書を作成できれば、必要な手続きを実施することができるようになります。

Ⅴ　準確定申告と相続税申告

【1】準確定申告の概要

　準確定申告は、相続が発生した場合に行われる申告手続きの一つです。相続人は相続財産の評価や相続税の計算を行い、税務署に申告をすることで税金の納付を行います。準確定申告の目的は、相続税の適切な申告と納税を確保することです。

　準確定申告の手続きは、税務署への書類提出となります。相続人は相続財産の評価額や負債額を計算し、必要な書類を整えて税務署へ提出します。準確定申告の期限は、相続発生から3か月以内となります。期限を過ぎると、遅延による罰則や利子が発生することに注意が必要です。

【2】相続税申告の概要

　相続税申告は、相続人が相続財産に基づいて納税するための申告手続きです。相続税の計算や申告書の作成を行い、税務署に提出します。相続税申告の目的は、相続人の納税義務を適正に履行することです。

　相続税申告は、相続財産の評価や税金の計算、納税手続きが必要なため、適切な申告が必要です。相続人は相続税申告によって適切な税金の納付を行い、税務上のトラブルを回避するためにも申告の必要性を理解しておくことが重要です。

　相続税申告は、税務署への申告書類の提出が必要です。相続人は相続財産の評価や相続税の計算を行い、必要な書類を整えて税務署

に提出します。相続税申告の期限は、相続発生から3か月以内となります。期限を守り、適切な申告を行うことが重要です。

VI 不動産の相続登記

　不動産の相続登記とは、相続によって発生した不動産の所有権移転手続きのことです。相続人が相続財産として不動産を受け継いだ場合、その不動産の所有権移転を公的に登録する必要があります。そこで、不動産の相続登記によって、相続人の所有権を法的に確定できるようになります。

　不動産の相続登記手続きは、以下のような流れで行われます。

　まずは、相続人の確定です。戸籍謄本や住民票によって相続人の身分関係を確定し、相続人全員の同意を得ます。次に、相続した不動産の評価額を算定し、登記簿によって不動産の所有権状況や他の権利・担保の有無を確認します。そして、印鑑証明書、登記申請書など必要書類を準備します。これらを法務局に提出することで登記申請を行います。登録手数料の支払いが必要です。

　登記が完了すると、登記簿の変更が行われ、相続人が不動産の正当な所有者となります。

VII 預貯金や証券口座の解約 または名義変更

　預貯金の解約手続きを行う際には、まず銀行に連絡をして解約手続きの意向を伝えることから始まります。次に、銀行から要求される必要書類を準備します。これには口座番号や身分証明書、解約依頼書などが含まれます。

　これらの書類を銀行へ提出すれば、銀行は書類を確認し、解約手続きを進めてくれます。

　一方、預貯金の名義変更手続きを行う場合には、まず銀行に連絡して名義変更手続きの意向を伝えることから始まります。次に、銀行から要求される必要書類を準備します。これには口座番号、現在および新しい名義人の身分証明書、名義変更依頼書などが含まれます。

　これらの書類を銀行へ提出すれば、銀行は書類を確認し、名義変更手続きを行ってくれます。

　証券口座の解約および有価証券の移管手続きでは、まず解約や移管を希望する証券口座の証券会社にまず連絡し、手続きの意向を伝えます。解約時には、既存の証券口座内の有価証券を売却することも可能です。次に、証券会社から要求される必要書類を準備します。これらには、口座番号、身分証明書、解約依頼書、移管手続きの申請書などがあります。

　これらの書類を証券会社に提出すれば、証券会社は書類を確認し、解約や移管手続きを進めてくれます。

VIII 死亡保険金の受け取り

　死亡保険金の受け取りは、被保険者が亡くなった際にその受取人が行う手続きです。保険会社からの死亡保険金を受け取るためには、一定の手順や書類の提出が必要となります。

【1】死亡の届け出と受取人の申請

　被保険者の死亡が発生したら、まずは保険会社にその旨を届け出る必要があります。同時に、受取人は死亡保険金の受け取りを申請します。届け出や申請には、保険会社が指定する書類が必要となります。

　保険会社は死亡の証明として、被保険者の死亡診断書の提出を求める場合があります。この診断書は、医師によって発行されるものであり、死亡の原因や日時が記載されています。

【2】必要書類の提出

　保険会社は受取人に対して、必要書類の提出を要求することがあります。一般的には、被保険者の死亡証明書、受取人の身分証明書、保険証券などが必要とされます。これらの書類は正確かつ完全に提出する必要があります。

【3】受取人の確認と相続人の権利

　死亡保険金の受け取りにおいては、受取人の身分や権利の確認が行われます。保険会社は正当な受取人であることを確認し、その他

の相続人の権利や関係性についても考慮します。相続に関する手続きや遺言書の存在によって受取人が変更される場合もあります。

【4】死亡保険金の税金

　死亡保険金は所得税の対象となりませんが、非課税枠を超える場合には課税対象となることがあります。税理士に相談することが必要です。

第1章　第2章

第3章

相続税申告の手続き

　この章では、相続税申告に関する手続きに焦点を当てています。相続税の基礎知識、相続税申告に必要な書類や財産評価、節税の特例や配偶者の税額軽減など、相続税申告の具体的な手続きやポイントを詳しく説明します。正確な相続税申告を行い、適切な納税を行いましょう。

ChatGPT Plus

Ⅰ　相続税の基礎知識

　相続税は、相続財産に課される税金であり、相続が発生した場合には適切な手続きと納税が求められます。以下では、相続税に関する基礎知識を解説します。

【1】相続申告の手続き

　相続が発生した場合、相続税の申告が必要です。相続税の申告書は、税務署に提出されます。申告書には、相続人の情報や相続財産の評価額、控除額などが記載されます。正確な申告と適切な手続きを行うことが重要です。

【2】財産評価

　相続財産の評価は、相続税申告において重要なプロセスとなります。相続財産には、不動産、預貯金、株式、生命保険金、自動車、美術品などがありますが、これらの財産を正確に評価することが必要です。

　不動産は、一般に「路線価」や「固定資産税評価額」に基づいて評価されます。路線価は国税庁が公表しており、不動産の所在地に応じた1平方メートル当たりの価格が示されます。これに敷地の面積を掛け合わせて評価額を算出します。

　預貯金は、被相続人の死亡時点での残高で評価されます。

　上場株式は、被相続人の死亡日の終値や平均値に基づいて評価されます。非上場株式は、その企業の財務状況や業績などを考慮して

評価されます。

　生命保険金は、受取人が確定している場合、相続財産ではありません。しかし、相続財産とみなして評価されます。

　その他、自動車や美術品などは、市場価格や専門家の鑑定評価に基づいて評価されます。

　相続財産の評価は、相続税の計算の基礎となるため、正確な評価が必要です。詳細な評価方法は複雑であるため、税理士に依頼することが推奨されます。

【3】 相続税の税率と控除

　相続税の税率は、相続税の課税対象額に応じて段階的に設定されます。課税対象額が大きくなるほど、税率も高くなります。

　また、相続税には様々な控除があります。例えば、基礎控除や配偶者の税額軽減などです。これらの控除を適用することで相続税の軽減が図られます。

II 相続税申告の必要書類

　相続人が相続税申告書作成のために用意すべき書類は以下の通りです。

【1】相続人の戸籍謄本と住民票の写し

　相続人の戸籍謄本は、相続人の戸籍情報を記載した公的な書類です。相続人の氏名や生年月日、続柄、配偶者の情報などが含まれており、法定相続人の確認や相続人の地位の証明に使用されます。戸籍謄本は、市区町村役場や役所で取得することができます。

　相続人の住民票の写しは、相続人の居住地や住民登録情報を証明するための書類です。相続税の申告においては、相続人の住所地や続柄の確認に使用されます。住民票の写しは、市区町村役場や役所で発行されます。

【2】財産目録

　財産目録は、相続財産のリストです。財産の種類や数量、評価額などが明記されており、相続税申告の根拠となります。不動産、預貯金、有価証券、貴金属など、相続財産の全体像を把握するために重要な書類です。

【3】相続財産の評価明細書

　相続財産の評価明細書は、相続された財産の種類に応じて様々です。預貯金や土地、建物、上場有価証券、非上場株式などの評価が

行われます。これらの明細書は、相続財産の評価額の根拠を証明するために必要です。正確な財産評価に欠かせない書類となります。

【4】遺言書または遺産分割協議書

遺言書は、遺言者が自身の財産の相続に関して意思を示す文書です。遺言者の遺志を尊重し、財産の分割や相続人の指定を行います。遺言書が存在する場合には、その内容を優先して相続手続きを行います。

遺産分割協議書は、相続人間で相続財産の分割について合意した文書です。財産分割の方法や取得割合などが明記されています。相続人の間で合意が成立し、遺産分割協議書が作成された場合には、その内容に基づいて相続手続きを行います。

これらの書類は、相続財産の評価や相続人の情報を正確に反映するために必要です。税理士はこれらの書類を基に相続税申告書を作成し、税務署へ提出する役割を担います。

III　相続税の課税対象と財産評価

【1】相続税の課税対象

　相続税は、被相続人から相続人へと引き継がれる財産に対して課される税金です。具体的には以下のような範囲の財産が含まれます。

　土地や建物などの不動産は課税対象です。これらの財産は、相続税評価額によって評価されます。

　株式や債券、投資信託などの有価証券もまた課税対象となります。これらは通常、相続時の市場価値に基づいて評価されます。

　普通預金、定期預金、貯蓄預金などの預貯金も課税対象です。これらは、相続時の残高によって評価されます。

　事業用資産、例えば被相続人が経営していた会社の非上場株式も課税対象となります。さらに、車両や船舶、美術品などの財産も課税対象になり得ます。これらは個々の財産に応じた評価方法が使われれます。

【2】財産評価の基準

　相続財産は、相続開始日を基準日として評価されます。この基準日における財産の価値を正確に把握することが重要ですが、国税庁が定める財産評価基本通達などに従って評価が行われます。

【3】不動産の評価方法

　相続税申告における不動産の評価方法について説明します。相続税や贈与税を計算するときに、相続や贈与などにより取得した土地

や家屋を評価する必要があります。土地は、原則として、宅地、田、畑、山林などの地目ごとに評価します。土地の評価方法には、路線価方式と倍率方式があります。

　路線価方式は、路線価が定められている地域の評価方法です。路線価とは、路線に面する標準的な宅地の1平方メートル当たりの価額のことで、千円単位で表示しています。路線価方式における土地の価額は、路線価をその土地の形状等に応じた奥行価格補正率などの各種補正率で補正した後に、その土地の面積を乗じて計算します。

　倍率方式は、路線価が定められていない地域の評価方法です。倍率方式における土地の価額は、その土地の固定資産税評価額（都税事務所や、市（区）役所または町村役場で確認してください）に一定の倍率を乗じて計算します。路線価図および評価倍率表ならびにそれぞれの見方は、国税庁ホームページで閲覧できます。

　家屋は固定資産税評価額に1.0を乗じて計算します。したがって、その評価額は固定資産税評価額と同じです。

【4】 有価証券の評価方法

　相続税申告における有価証券の評価方法について説明します。相続財産に含まれる有価証券の評価方法は、資産の種類によって異なります。たとえば、上場株式は、3つの算出方法が異なる価格のうち、最も低い額を適用します。一方で非上場株式は会社の規模によって、累積業種比準方式や純資産価格方式など別々の計算方法を用いて、それぞれ算出しなくてはいけません。

　上場株式は、上場されている金融商品取引所が公表する課税時期の最終価格によって評価します。ただし、課税時期の最終価格が、

月平均額などの３つの価額のうち最も低い価額を超える場合は、その最も低い価額により評価します。評価明細書に記載した単価に、相続開始時点の株式数を乗じると相続税評価額となります。

以上が原則ですが、負担付贈与や個人間の対価を伴う取引で取得した上場株式の価額は、その株式が上場されている金融商品取引所の公表する課税時期の最終価格によって評価します。

【5】 預貯金の評価方法

普通預金、定期預金などは相続開始日現在の残高が相続税評価額となりますが、定期預金については相続開始日における預入高に既経過利子の額を加算します。

定期預金の場合は、満期時の定期預金の相続税評価としては「定期預金残高＋既経過利息（税引後）」の合計になり、源泉徴収税を引いた利息を含めて申告することになります。

【6】 非上場株式の評価方法

非上場株式の評価方法には、類似業種比準方式、純資産価額方式、配当還元方式があります。

類似業種比準方式では、業種が類似している上場企業の株価・配当・利益・純資産を参考にして株価を評価します。純資産価額方式では、相続税評価額で求めた会社の純資産価額から評価差額に対する税額を差し引いて株価を評価します。

IV 相続税の計算

　相続税は、相続財産の評価額に一定の控除額を差し引いた金額に対して、税率を適用して計算されます。具体的な計算方法は、次の手順で行われます。

【1】財産の評価額の合算
　相続税の計算には、相続財産の評価額を合算する必要があります。相続財産には不動産、有価証券、預貯金などが含まれます。各財産の評価額を算定し、合算します。

【2】基礎控除額の計算
　相続税の計算には、相続人の数や相続人の関係に応じた控除額を計算する必要があります。控除額は法律によって定められており、相続人の人数や相続人の関係によって異なります。相続人の人数や関係に基づいて、適用される控除額を計算します。

【3】課税財産の金額の決定
　相続税の課税対象となる財産の金額は、合算された財産評価額から控除額を差し引いた金額となります。合算された財産評価額から計算された控除額を差し引くことで、課税財産の金額が決定されます。

【4】 税率の適用と相続税の計算

　課税財産の金額に対して、相続税の税率を適用して税額を計算します。税率は財産の金額によって段階的に上昇する場合があります。税率の適用には、課税財産の金額を税率テーブルに照らし合わせて適用します。

【5】 申告書の提出と納税期限

　申告書の提出期限や相続税の納税期限には注意が必要です。相続税の申告書は相続発生後 10 か月以内に提出する必要があります。また、相続税も相続発生後 10 か月以内に納税する必要があります。

V 小規模宅地等の特例の適用

　小規模宅地等の特例は、特定の条件を満たす宅地に対して特例措置を適用する制度です。この特例の適用により、相続税の計算において宅地の評価額が軽減されます。特例の対象となる宅地の条件にはいくつかの要件があります。

　小規模宅地等特例の対象となる宅地は、以下の条件を満たす必要があります。

【1】 特定居住用宅地

　特定居住用宅地とは、被相続人または相続人が居住の用に供していた宅地（または建物が建っている宅地）で、相続税の申告において一定の要件を満たす場合、その評価額から80%まで評価減を受けることができる宅地です。この特例を受けるためには、配偶者、同居親族、または別居していた親族のうち「家なき子」が相続することが条件となります。面積には330平方メートルまでという制限があります。

【2】 特定事業用宅地

　特定事業用宅地とは、被相続人が事業の用に供していた宅地で、相続税の申告において一定の要件を満たす場合、その評価額から最大で80%まで評価減を受けることができる宅地です。この特例を受けるためには、相続開始前3年以内に事業の用に供されていた宅地であること、及び事業の継続が見込まれることなどが条件となり

ます。

【3】特定同族会社事業用宅地

　特定同族会社事業用宅地とは、被相続人が出資している同族会社が事業の用に供していた宅地で、相続税の申告において一定の要件を満たす場合、その評価額から80%まで評価減を受けることができる宅地です。この特例を受けるためには、被相続人が同族会社の株式を一定割合以上保有していることや、宅地が事業の用に供されていることなどが条件となります。

【4】貸付事業用宅地

　貸付事業用宅地とは、被相続人が貸付事業の用に供していた宅地で、相続税の申告において一定の要件を満たす場合、その評価額から50%まで評価減を受けることができる宅地です。この特例を受けるためには、相続開始前3年以内に貸付事業の用に供されていた宅地であること、及び貸付事業が継続されることなどが条件となります。

【5】特例の申請手続きと提出書類

　小規模宅地等の特例の適用を希望する場合、相続人は相続税の申告書とともに特例適用を申請する必要があります。申請書には対象となる宅地に関する詳細な情報が記載されます。

VI　配偶者の税額軽減の適用

　配偶者の税額軽減は、被相続人の配偶者が取得した遺産額が、次の金額のどちらか多い金額までは相続税はかからないという制度です。すなわち、「1億6千万円」または「配偶者の法定相続分相当額」です。

　この制度の対象となる財産は、配偶者が遺産分割などで実際に取得した財産です。相続税の申告期限までに分割されていない財産は対象になりません。ただし、相続税申告書に「申告期限後3年以内の分割見込書」を添付した上で、3年以内に分割したときは対象になります。

　なお、相続税の申告期限から3年を経過する日までに分割できないやむを得ない事情があり、税務署長の承認を受けた場合で、その事情がなくなった日の翌日から4か月以内に分割されたときも、税額軽減の対象になります。

VII　税額控除

　贈与税額控除は、支払っていた贈与税を控除できる制度です。相続開始前3年から7年以内に被相続人から贈与を受けた場合、その贈与財産を相続財産として相続税の計算上加算する必要があります。その際、過去に贈与を受けた際に贈与税を支払っていた場合、二重課税が発生することになります。そこで、相続税の計算上は、すでに支払った贈与税で控除することができます。

　未成年者控除は、相続人が未成年者である場合に相続税の額から一定の金額を差し引く制度です。適用される未成年者は、相続や遺贈により財産を取得した際に日本国内に住所があること、または、相続や遺贈により財産を取得した際に日本国内に住所がないが、日本国籍を有し、かつ、相続開始前10年以内に日本国内に住所を有していたことが条件となります。

　障害者控除は、精神上の障害により事理を弁識する能力を欠く常態にある人が対象となります。相次相続控除は、被相続人が過去10年以内に相続税を納税していた場合に適用されます。

　外国税額控除は、今回の相続で外国でも相続税に相当する税金を支払う場合に適用されます。

VIII 申告と納税

【1】 相続税申告書の提出期限

相続税申告書の提出期限は、被相続人の死亡日の翌日から 10 か月以内となります。例えば、1 月 6 日に死亡した場合、申告期限はその年の 11 月 6 日となります。

【2】 相続税申告書の提出方法と場所

相続税申告書は、被相続人の死亡時の住所が日本国内にある場合、所轄する税務署に提出する必要があります。提出先の税務署は被相続人の住所地を基準に決定されます。

【3】 納税先と納税方法

相続税の納税先は、納税地を所轄する税務署です。納税は税務署だけでなく金融機関でも行うことができます。納税に際しては、納税書類や必要な手続きに従って納税を行います。

【4】 相続税の延納と物納制度

相続税には、特別な納税方法として「延納」と「物納」の制度があります。延納は納税を複数年に分けて行う方法であり、物納は相続によって取得した財産そのものを納税する方法です。延納や物納を希望する場合は、申告書の提出期限までに税務署に申請書などを提出して許可を受ける必要があります。

ooo

第4章

相続生前対策と財産管理

　この章では、相続生前対策と財産管理に焦点を当てています。相続生前対策の必要性とメリット、遺言書の作成や財産管理の基本、贈与や贈与税について解説します。また、認知症対策や生命保険を活用した遺産分割対策や相続税対策、不動産を活用した相続税対策についても具体的な方法を紹介します。

I 相続生前対策の必要性と
　メリット

　相続生前対策とは、将来の相続に備えて事前に準備を行う重要な
プロセスです。これにより、相続に伴う数々の手続きや税金の負担
を軽減し、トラブルを避けることができます。

　生前に財産を適切に整理・評価し、名義変更を含むさまざまな準
備を行うことで、相続時の問題や紛争の可能性を減らすことができ
ます。また、相続や贈与に課される税金は大きな負担となりますが、
生前対策によって税負担を最適化し、節税の機会を最大限に活用す
ることが可能です。こうした対策を通じて、相続時の税負担を軽減
することができます。

　さらに、遺産の分配の希望を事前に明確にすることで、円滑な遺
産分配が実現できます。遺言書の作成や信託契約などによって遺産
分割の計画を具体化することにより、将来的な家族間のトラブルを
避けることができます。

　相続生前対策の実施には、以下のようなメリットがあります。

　適切な準備により、相続手続きをスムーズに進めることができる
ため、手続きの時間や作業負担が軽減されます。

　また、遺産分割や財産管理に関する意思を明確にすることで、家
族や関係者間の争いを未然に防ぐことが可能になります。このよう
な争いの回避は、相続手続きを円滑に進めるだけでなく、家族関係
を守る上でも重要です。

　さらに税金に関しては、適切な生前対策を行うことで、相続税や

贈与税の負担を軽減することができます。遺産の有効活用についても、生前に計画を立てることで、将来の生活資金や教育資金、老後の準備に役立てることができます。

これにより、資産の適切な管理と活用が実現し、将来の安心や生活の質の向上に寄与します。

II 遺言書の作成

　遺言書は、遺言者が自身の死後に財産や遺したい意思を明示する書面です。遺言書を作成することにより、遺産分割や相続に関する意思を明確にすることができます。

　遺言書を作成するには、一定の要件を満たす必要があります。主な要件としては、遺言者が成年であること、自己の意思で作成すること、書面によって表現されること、遺言の内容が明確であること、遺言者の署名と日付があること、遺言書に証人の署名があること（一部の法域で要求される場合があります）などが挙げられます。

　遺言書の形式は法律によって定められていますが、一般的には手書きの遺言書が認められます。書き方については遺言の明確な表現、遺産分割の明示、遺言書の署名、証人の存在などに留意する必要があります。

【1】遺言執行者の指定

　遺言書では、遺言執行者を指定することができます。遺言執行者は、遺言書の内容を遺言者の意思に基づいて実行する役割を担います。遺言執行者には信頼性や能力が求められるため、慎重に選定することが重要です。

【2】遺言書の保管と管理

　遺言書は大切な書類であるため、適切な保管と管理が必要です。一般的な方法としては、家庭内の安全な場所に保管する、銀行の安

全箱や公証役場などに預ける、弁護士や信託会社などに委託するなどがあります。

【3】遺言書の修正や取り消し

遺言者はいつでも遺言書を修正や取り消しすることができます。修正や取り消しを行う際には、明確な修正箇所や取り消し意思を記載し、日付と遺言者の署名を行う必要があります。また、一部の法域では証人の立ち会いが要求される場合もあります。

【4】遺言書の公開と開示

遺言書は遺言者の死後に公開されることがあります。公開の目的は、遺言書の内容を遺産の関係者や関係機関に開示し、遺言の実現を確保することです。公開の手続きや開示の方法は、地域や法律によって異なる場合があります。

III 贈与と贈与税

　贈与とは、自己の意思に基づいて財産や権利を無償で他人に譲渡することを指します。贈与は相手への恩恵や支援の意図があり、対価を求めないものです。贈与にはさまざまな形態があり、現金や不動産、株式、預金、財産権、知的財産などが贈与の対象となることがあります。

【1】贈与税の対象となる贈与の定義
　贈与税は、贈与によって譲渡される財産や権利に対して課税される税金です。贈与税の対象となる贈与には、以下のような要件があります。
　贈与者が法的な所有権を持つ財産や権利の譲渡：贈与者は譲渡する財産や権利の所有権を持っている必要があります。所有権の移転が行われることで、贈与税の対象となります。

　贈与者が贈与の意思を持ち、自発的に行う譲渡：贈与は自発的な行為であり、贈与者の意思に基づいて行われます。他人からの強制や圧力による譲渡は贈与とはみなされず、贈与税の対象外となります。

　贈与の対象が無償であり、相手方が経済的な利益を得るもの：贈与は無償の譲渡であり、贈与を受けた相手方が経済的な利益を得ることがあります。経済的な利益を得ることがない場合は、贈与

税の対象外となることがあります。

【2】贈与税の計算方法

贈与税の計算は、贈与される財産の価値に対して一定の税率を適用することによって行われます。贈与税の税率は国や地域によって異なる場合があります。贈与税の計算には、贈与税の対象財産の評価額や贈与の時点での税率、非課税控除などが考慮されます。

【3】贈与税の非課税控除

贈与税には、一定の金額や特定の条件を満たす場合に非課税となる控除制度が存在します。非課税控除には贈与税の課税ベースの一部が控除されるため、実際に納税する金額が減少します。非課税控除の種類や金額、条件は国や地域の法律によって異なる場合があります。

【4】贈与税の申告と納税

贈与税は贈与が行われた時点で課税されるため、贈与を行った者が贈与税の申告と納税を行う必要があります。贈与税の申告書は一定の期限内に提出され、税務当局によって審査されます。納税は申告書の提出後に行われ、納税期限内に税金を納める必要があります。

IV　資産管理と認知症対策

　認知症は、高齢者にとって重要な問題であり、財産管理にも大きな影響を与える可能性があります。遺言書は、財産分けや遺産の処理に関する重要な文書ですが、認知症の進行によって遺言書の内容が変更されたり無効になったりする可能性があります。認知症対策の一環として、遺言書の作成時には認知症のリスクを考慮し、十分な精神能力を持って作成することが重要です。

【1】認知症リスクの評価と早期対策

　認知症のリスクは個人によって異なります。早期の評価と対策が重要です。定期的な健康チェックや認知機能の評価を受けることで、認知症の早期兆候を把握し、必要な対策を講じることができます。認知症予防のための生活習慣の改善や認知機能トレーニングなどの取り組みが有効です。

【2】財産管理委任契約の締結

　認知症の進行によって財産管理が困難になった場合、財産管理委任契約を締結することが考えられます。この契約により、信頼できる代理人や専門家が財産管理を行い、認知症の進行に伴うリスクを軽減することができます。財産管理委任契約は、認知症の早期段階で検討し、希望する委任者との間で十分な協議を行う必要があります。

【3】財産の整理と管理

　認知症の進行により財産の管理が難しくなることがあります。財産の整理と管理は、事前に計画的に行うことが重要です。財産の詳細なリストアップや財産状況の把握、財産の適切な保管などを行い、財産管理の円滑化を図ることが求められます。

【4】高リスクな金融取引の制限

　認知症の進行によって、財産を守るための判断力が低下することがあります。そのため、高リスクな金融取引への参加を制限することが必要です。家族や信頼できる第三者と協力し、認知症の進行に伴う金銭的な被害を防ぐために、銀行口座の管理や取引制限の設定などを検討することが重要です。

【5】適切な保険の選択

　認知症の進行によって生活が変化し、介護や医療の費用が増えることがあります。このようなリスクに備えるために、適切な保険の選択が重要です。介護保険や医療保険などの加入を検討し、自身や家族の将来に備えることが必要です。また、保険の内容や保険料の見直しも定期的に行うことが望まれます。

Ⅴ　生命保険による遺産分割対策

　生命保険は、相続税の負担を軽減するための効果的な手段として利用されることがあります。生命保険を活用した相続税対策には、受取人の選定や遺産分割の考慮など、様々な要素が関わってきます。以下では、具体的な内容や手法について詳しく説明します。

【1】生命保険の受取人の選定と相続税の影響

　生命保険契約では、受取人を指定することができます。受取人の選定は相続税にも影響を与えます。通常、受取人が被保険者の配偶者や子供などの家族である場合、相続税の課税対象となりません。これにより、生命保険の給付金は相続財産として計算されず、相続税の範囲外となるため、相続税負担を軽減する効果があります。

　ただし、受取人を第三者や法人に指定する場合は、相続税の課税対象となる可能性があります。この場合、適切な相続税対策が必要となります。例えば、信託契約を活用することで、相続税の節税効果を狙うことができます。

【2】生命保険と遺産分割

　生命保険の給付金は、相続財産として扱われる場合があります。遺産分割においては、生命保険の給付金の分割方法が重要となります。公平な遺産分割を実現するためには、遺言書や家族信託などの手法を活用することが求められます。

　遺言書において、生命保険の受取人を特定の相続人に指定するこ

とで、遺産分割の公平性を確保することができます。また、家族信託を活用することで、生命保険の給付金を信託財産として運用し、相続人間のトラブルや紛争を未然に防ぐことができます。

【3】生命保険の選択と設計

生命保険を相続税対策として活用する際には、適切な保障額の設定や契約内容の検討が重要です。相続財産の評価や相続税の計算を考慮し、適切な保障額を設定することで、相続税負担を軽減することができます。

また、契約の期間や支払い期間の検討も重要です。将来の相続時に必要な時期や状況に合わせて、適切な契約期間や支払い期間を設定することが必要です。

さらに、保険会社の信頼性や評判、契約内容の細かな確認も必要です。生命保険は長期にわたる契約となるため、信頼できる保険会社との契約を選ぶことが重要です。

生命保険を活用した相続税対策は、相続財産の円滑な移転や相続税負担の軽減を目指す重要な手段です。適切な生命保険の選択と設計によって、相続税対策の効果を最大化することができます。

しかし、生命保険を相続税対策として活用する際には注意点もあります。まず、契約時に健康状態や生活習慣に関する正確な情報を提供することが求められます。虚偽の申告や重要な情報の隠蔽は、契約の無効化や給付金の支払い拒否の原因となる可能性があります。

また、生命保険の契約内容や保険料、保障内容については細かな点まで理解し、契約書をよく読み、十分に納得した上で契約することが重要です。契約内容に不明点や疑問がある場合は、保険会社や

専門家に相談し、解決することが必要です。

　さらに、生命保険の適性やニーズは変化する可能性があります。家族構成や経済状況の変化、法改正などによって保障額や契約内容の見直しが必要となります。定期的な見直しを行い、適切な生命保険プランを維持することが大切です。

　生命保険を活用した相続税対策は、相続財産の円滑な移転や相続税負担の軽減を実現するために重要です。適切なプランニングと専門家のサポートを受けながら、相続税対策に取り組みましょう。

VI 不動産による相続税対策

　相続税の計算において、不動産の評価額が重要な要素となります。不動産の評価は公示価格を基準として行われますが、場合によっては公示価格よりも低い評価額を主張することができます。不動産評価の見直しは、相続税負担を軽減するための有効な手段となります。具体的には、専門家の協力を得て不動産の評価を再評価し、公示価格よりも妥当な評価額を主張することで相続税の節税効果を得ることができます。

【1】不動産の贈与と贈与税

　相続税対策として、不動産を贈与することも一つの手段です。贈与により、将来的に相続税が発生する可能性を回避することができます。しかし、贈与には贈与税が発生する点に留意する必要があります。贈与税は、贈与された不動産の評価額に応じて課税されるものであり、贈与税の計算や支払いについても注意が必要です。贈与税を適切に計画し、負担を軽減するためには専門家のアドバイスを受けることが重要です。

【2】不動産の信託活用

　不動産の信託活用は、相続税対策の一つとして有効な手段です。信託を通じて不動産を移転することで、相続税の対象から除外することができます。具体的には、信託契約を結び、信託財産として不動産を委託することで所有権の移転を行います。信託による不動産

の管理や運用は、信託受益者や信託会社に委託することが一般的です。不動産の信託活用は、相続時に不動産を円滑に扱うための方法として考慮されるべきです。

【3】不動産の有効活用と事前対策

　相続税対策において、不動産の有効活用と事前対策は重要な要素となります。不動産を有効活用する方法としては、賃貸経営や売却などの選択肢があります。賃貸経営を行うことで、収入を得ることができるため相続税負担の軽減に繋がります。また、事前対策としては、不動産の相続時の手続きや管理方法を整理しておくことが重要です。適切な法的手続きや税務上の対策を行うことで、相続時のトラブルや負担を軽減することができます。

VII 民事信託の活用

　民事信託は、資産を信託契約に基づき信託財産として移転し、信託財産の受益者の利益を保護する制度です。高齢者の資産管理においては、民事信託を活用することで、遺産管理や資産の分散管理、財産の保全などのメリットを享受することができます。

【1】民事信託の基本原則と構造

　民事信託には、信託設定者、信託財産、信託受益者、信託受益権の要素が含まれます。信託設定者は信託契約を締結し、信託財産を信託に移転します。信託受益者は信託財産の利益を受け取る権利を有し、信託受益権に基づき経済的な恩恵を享受します。

【2】民事信託のメリット

　高齢者の資産管理に民事信託を活用すると、以下のようなメリットがあります。

　遺産管理の簡素化：高齢者が信託を設定することで、遺産管理が簡素化されます。信託財産は信託契約に基づき信託財産管理人が管理し、受益者に適切な分配を行います。

　資産の分散管理：高齢者の資産を信託に移すことで、資産の分散管理が可能になります。信託財産管理人が適切な投資や運用を行い、リスク分散と資産の保全を図ります。

　財産の保護：高齢者の財産は信託契約に基づき信託財産管理人によって管理されるため、不正利用や乱用のリスクが低くなります。

信託制度により財産の保護が強化されます。

【3】 契約締結と信託財産の移転

　高齢者は信託契約を締結し、信託財産を信託に移転します。信託契約では、信託の目的、信託財産の内容、信託受益者の指定などが明確に定められます。信託財産の移転は、公正証書等による手続きを経て行われます。

　信託受益者は信託財産の利益を受け取る権利を有します。信託受益権は信託契約に基づいて設定され、受益者への利益分配や運用方法が定められます。信託財産管理人は受益者の利益を最大化するため、適切な投資や運用を行います。

【4】 信託の解除と信託財産の返還

　信託の解除は、信託契約に基づく条件や期限が満了した場合に行われます。解除により信託財産が返還され、受益者が信託の終了による利益を享受します。信託解除には、適切な手続きと確定申告が必要となります。

【5】 高齢者の資産管理

　高齢者の資産管理は、将来の不確定性や財政的な問題に対処するために重要です。その中で、民事信託は高齢者の資産管理において有益なツールとなり得ます。民事信託は、信託契約に基づいて資産を信託財産として移転し、信託財産管理人が適切な管理と分配を行う制度です。民事信託のメリットは以下の通りです。

　資産保全と適切な管理：高齢者の資産を信託に移すことで、信託

財産管理人が適切な管理と運用を行います。これにより、資産の保全と将来への備えが可能となります。

分散投資とリスク管理：信託財産管理人は複数の資産クラスに投資し、リスクを分散させることができます。適切な投資戦略により、資産の価値を維持・増加させることが期待できます。

受益者の利益確保：信託契約に基づき指定された受益者は、信託財産の収益や利益を享受する権利を有します。これにより、高齢者の生活維持や医療費などの資金確保が可能となります。

　具体的な手続きとしては、高齢者が信託契約を締結し、信託財産を信託に移転します。信託契約では、信託の目的や条件、受益者の指定などが明確に定められます。信託財産管理人は、契約に基づき資産の運用や分配を行います。

著者紹介

岸田 康雄（きしだ やすお）

　公認会計士、税理士、宅地建物取引士、一級ファイナンシャル・プランニング技能士、中小企業診断士、行政書士、国際公認投資アナリスト（日本証券アナリスト協会認定）、一橋大学大学院修了（経営学および会計学専攻）。

　監査法人にて会計監査業務、税理士法人にて相続税申告業務に従事。三菱UFJ銀行ウェルス・マネジメント営業部ファミリーオフィス室、みずほ証券投資銀行部門M&Aアドバイザリーグループ、メリルリンチ日本証券プリンシパル・インベストメント部不動産グループ、SMBC日興証券企業情報部に在籍し、企業経営者の相続・事業承継対策から大企業のクロスボーダーM&Aまで幅広く担当した。また、テクノアルファ監査役など上場企業の経営に従事した。現在は、東京博善あんしんサポート株式会社取締役として、不動産相続を中心とするシニア・エンディング事業の経営に従事している。

　令和２年度日本公認会計士協会「事業承継支援専門部会」委員、平成28年度中小企業庁「事業承継ガイドライン委員会」委員、東京都中小企業診断士協会「事業承継支援コンサルティング研究会」代表幹事。

　著書には、「富裕層のための相続税対策と資産運用」（中央経済社）、「事業承継ガイドライン完全解説」（ロギカ書房）、「プライベート・バンキングの基本技術」（清文社）、「プライベートバンカー試験受験対策問題集」（ロギカ書房）、「信託＆一般社団法人を活用した相続対策ガイド」（中央経済社）、「資産タイプ別相続生前対策パーフェクトガイド」（中央経済社）、「事業承継・相続における生命保険活用ガイド」（清文社）、「税理士・会計事務所のためのM&Aアドバイザリーガイド」（中央経済社）、「証券投資信託の開示実務」（中央経済社）などがある。

【連絡先】kishida.yasuo@kishida-cpa.com
【URL】https://www.youtube.com/@kishida-cpa

Youtube チャンネル
ウェルスマネジメント大学
【資産運用・相続・事業承継】

税理士・金融マンのための
ChatGPT Plus 活用法

発行日　2024 年 9 月 30 日

著　者　岸田 康雄

発行者　橋詰 守

発行所　株式会社 ロギカ書房
　　　　〒 101-0062
　　　　東京都千代田区神田駿河台 3-1-9
　　　　日光ビル 5 階 B-2 号室
　　　　Tel 03（5244）5143
　　　　Fax 03（5244）5144
　　　　http://logicashobo.co.jp/

印刷所　モリモト印刷株式会社

©2024 Kishida Yasuo
定価はカバーに表示してあります。
乱丁・落丁のものはお取り替え致します。
Printed in Japan
978-4-911064-09-2　C2034